思春期の子どもと親の関係性

愛着が導く子育てのゴール

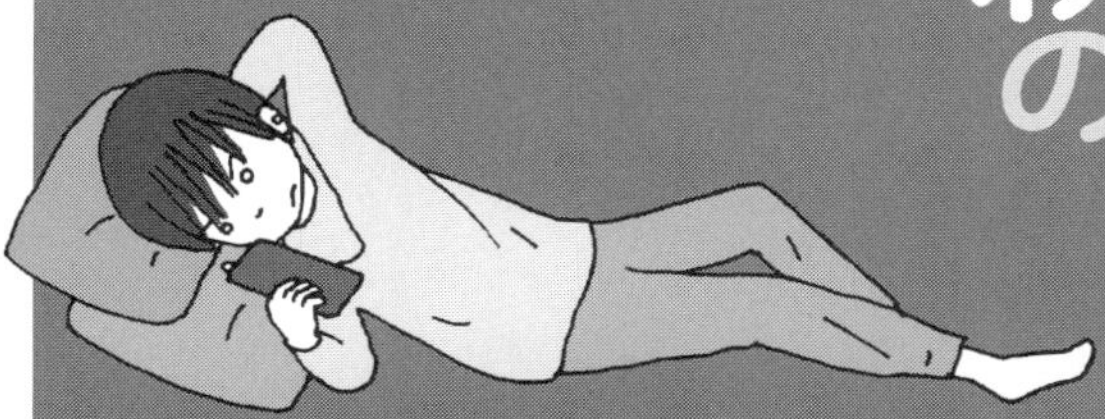

小野善郎

福村出版

はじめに

子どもが育つ環境や条件は時代とともに変わり、今ではほとんどの子どもは高校に進学するようになり、親に頼る期間はこれまでになく長くなってきています。必然的に親の子育ての期間も長くなり、見かけはすっかり大人と変わらないほどに成長した子どもを世話し続けることも当たり前のようになってきました。少子化が進む現在では、育てる子どもの数が少なくなって親の子育ての負担は軽くなってきているかもしれませんが、一人か二人の子どもを大切に育てる「失敗の許されない」子育ては、親の不安やプレッシャーを高めています。

長い子育ての中で思春期はまさに胸突き八丁、ここを何とか乗り切れば大人への入り口が見えてくる山場ですが、いざこの時期を迎えてみると敵は想像以上に手強く、それまでの子育ての経験だけでは太刀打ちできず、途方に暮れて親としての自信が大きく揺らぎます。とはいえ、子どもの好き放題にさせれば、子どもの将来は絶望的になるのは間違いなく、そうと知りながら突き放すこともできません。生意気な子どもに苛立ちながらも、親としての役割を放棄するわけにはいかないジレンマが続きます。

幸いなことに、子育てに関連する情報や専門家のサポートが増えてきたので、親の心配や困りごとに対してとりあえずの答えや解決方法を見つけることができるようになり、親が途方に暮れることは減ってきたかもしれません。しかし、子育てはマニュアルどおりにすればうまくいくほど単純な作業ではありません。ましてや扱いの難しい思春期の子どもには簡単には通用しません。それでも気力を振り絞ってマニュアルどおり試みてはみても、やっぱりうまくいかなければ親は落胆し、さらに自信を失いかねません。

子育ての知識や技術を学ぼうとすることは、親として成長しようとする努力ではありますが、それがかえって親の力を衰えさせてしまうこともあります。具体的な子育てのスキル（技術、わざ）を学ぶということは、自分自身がそのスキルを持っていないという事実に直面することにもなります。「へぇ～、こんなふうにすればいいんだ」と納得することは、裏返せば「そんなことも知らなかったんだ」ということになり、親としての無知、無力を実感させられます。

たしかに、子育ては本能的にできることではなく、親として子どもを育てていくためには学習が必要なことは間違いありませんが、日常生活での子どもとの一つひとつのやり取りまで学ばなければ子育てはできないものなのでしょうか。すでに十数年の子育てを経験してきた親であっても、思春期の子どもの前ではそれほどまでに無知で無力になるのでしょうか。

思春期になると子どもから大人への移行が始まることで、考え方や行動が大きく変わり、それまでと同じような子育てが通用しなくなるところに、親は悩み、苦労するのではないでしょうか。もはや親の権威と腕力だけではコントロールすることができなくなり、新たなスキルを求める気持ちが強くなるものです。子どものことが「理解できない」という状況に困惑し、不安が不安を招いて、とにかく具体的なノウハウにすがりつきたい気持ちがますます強まります。しかし、ひとつ乗り越えてもすぐにまた次の不安が押し寄せて、不安のスパイラルからはなかなか抜け出せません。思春期の子育てはふつうの親にとってそれほどまでに難しいものなのでしょうか。

本書は思春期の子育てをテーマにしていますが、ありきたりのマニュアル本ではなく、思春期の子育てで直面するさまざまな問題について専門的な理論を持ち出して解説したり、事例をあげて具体的なスキルを教えるものでもありません。専門的な説明は素人である親の限界を突き付けることになって専門家への依存を強めるし、「〜すべき」という具体的なスキルは親ができていないことに直面することが避けられないからです。それよりも、もともと親が当たり前に持ち合わせている自然な力を引き出すことで、専門家に頼るばかりでなく、親の自信とモチベーションを高めようとする自己啓発本といってもいいかもしれません。

親の自然な力を子育てに結びつける役割を担うのが愛着です。愛着はか弱い子どもが親の世話を引き出して生き延びるために生まれつき備わっている能力で、親は子どもの愛着の対象になることで親としての役割を果たすことができます。乳幼児期の子育てには愛着の原理は広く活用されていますが、愛着は子どもが親の世話を必要としているかぎり続くもので、親に反発し反抗するようになる思春期になってもその重要性はまったく変わりません。

愛着にもとづいた思春期の子育ては、カナダの心理学者ゴードン・ニューフェルドの着想と臨床実践にもとづくもので、その詳細については北米でベストセラーになった彼の著書『思春期の親子関係を取り戻す――子どもの心を引き寄せる「愛着脳」』（福村出版、２０１４年）を翻訳出版してすでに日本の読者にも紹介していますが、訳者としての力不足と文化的背景の違いからその有用性を十分にお伝えしきれていない部分もあり、ニューフェルドのコンセプトをベースにしながらも日本の子育て事情に合わせ、さらにはできるかぎり幅広い読者にわかりやすくお伝えするために、本書を執筆してみました。

全体をとおして愛着理論がベースになってはいますが、この理論を正しく理解して習得することを目的としているわけではありません。なぜなら、愛着のメカニズムは私たちの脳に組み込まれているもので、今さら学ばなければならないものではないからです。エンジンやトランスミッションのメカニズムを熟知していなくても車を安全に運転できるように、愛着理論を完全に理解していなくても愛着にもとづく自然な子育ては可能です。本書を読みとおしていただければ、それがいかに当たり前のことで、無理なく受け入れられるものであるかを理解していただけると思います。

新たなスキルを追い求めなくても、今あるものを活かせば何とかなるものです。愛着にもとづく子育ての原理は、子どもの日常的なしつけの問題から子どもの命さえ脅かすような深刻な問題まで、あらゆることに応用できます。一つひとつの問題について専門家に答えを求めれば、やがて親の自然な力は衰えて専門家への依存を強めることになりますが、愛着にもとづく子育ての原理を見失わなければ、親としての無知や無力に苛《さいな》まれることなく、子育てを楽しむことができるに違いありません。

子育ての目標は子どもとして完成することではなく、大人になるのを見届けることです。子どもが大人になるためには、親だけではなく地域の多くの大人の支えが欠かせません。その意味で、思春期の子育ては親だけの問題ではなく、地域社会のすべての大人にも無関係ではありません。愛着にもとづく子育ての原理をできるだけ多くの大人と共有することでその有効性は最大限になります。子どもにかかわるすべての大人たちが、子どもの愛着に応えて子育てに参加する「愛着の村」の一員になってくれることを願ってやみません。

小野善郎

目次

第1章
思春期を知る

1 「思春期」ということば

思春期への戸惑い

「思春期」ということばを知らない人はいないと思いますが、実際の生活の中で使うことはどのくらいあるでしょうか。今まさに思春期の子どもたちと直接かかわっている親や学校の先生にはいくらか身近なことばかもしれませんが、このことばは「反抗」「難しい」「無気力」など、子どもの問題点や親の悩みや不安を表す場面で使われることが多いので、できればあまり口にしたくないことばかもしれません。かつては子育て講座や講演会で思春期がテーマに取り上げられることが多かったものですが、最近では発達障害にその座を奪われ、専門家ですら何だか時代遅れの話題のように感じてしまうこともあります。

思春期ということばからは何となく専門的な知識というようなイメージが湧いてきて身構えてしまいがちです。もちろん、子どもを理解してより良い子育てをするためには専門的な知識や理論も必要かもしれませんが、親同士の会話の中で専門用語が飛び交うような議論は決して一般的ではありません。何かと気になることが多い思春期ですが、まっすぐに向き合うことには戸惑うことも多く、なかなかその奥深くまで踏み込みにくいところもあるのではないでしょうか。

それまで手のかからなかった子どもが反抗的になったり、何でも話してくれた子どもが何を聞いても「べつに」「ふつう」とそっけなくなったり、そんな子どもの変化に戸惑う親は「思春期だから……」と半ば諦めぎみに一人呟《つぶや》いたりするものです。親を含めた大人たちが「思春期」を思い浮かべるときには、彼らの輝かしい若さや可能性に期待を膨らますよりも、反抗、攻撃、衝動、性の問題など、大人の心配や不安につながる難儀な問題というイメージが強いのではないでしょうか。

もちろん思春期は当事者にとっても悩みや苦しみ、不安や劣等感などが満載のとても困難な時期で、毎日をハッピーに暮らしているわけでもなく、のんきに親のすねをかじっているわけでもないでしょうが、大人たちは若者の悩みや苦しみに共感したり同情したりというよりは、自分たちの戸惑いやストレスへの対処として子どもを責めたり叱ったりして、問題がさらにこじれることもありがちです。思春期は子育ての作業の中で降って湧いてくる災厄のような存在であり、心穏やかではいられません。だから思春期に直面することは大きな敵にまっこうから挑むようなおどろおどろしさがあり、親にはしっかりした覚悟とエネルギーが必要となるものの、手強い相手は簡単には攻略できず、やがて刀折れ矢尽きて「思春期だから……」と親の責任から手を引くことにもつながります。

理解に苦しむ思春期

大人はみんな思春期を経験してきたはずなのに、子どもの思春期はどうしても理解しがたい感じから逃れられないものです。それは時代が変わったからなのでしょうか。しかし、この年頃の子どもたちが扱いにくいのは最近になって始まったことではないことは言うまでもありません。私たち自身もその年頃には親や大人を悩ませてきたに違いありません。決して意識的に自分の思春期を忘れようとしているわけではないのに、なぜか大人になってしまうと自らの思春期の経験を今その年頃になった子どもに重ね合わせて共感することができず、子どもとの溝を深めてしまうのは不思議です。親自身の経験を子育てに活かせないところが思春期の特徴ともいえます。

さび抜きのにぎり寿司のように、できることなら思春期抜きの子育てができれば親はどんなに楽だろうと思うこともあるかもしれませんが、それこそは親の究極のエゴであり、子育ての禁じ手であることは忘れてはなりません。そこまで極端ではなくても、どことなくこの問題を避けて通りたい気持ちは親の頭の片隅にはあるものなので、その微妙な気持ちを誘発する「思春期」ということばを私たちは無意識的に避けて、それを直視することから逃れようとしているのかもしれません。気にはなるものの思春期の世界の中に入っていくのには大きな勇気が必要です。知ってはいるものの、あまり使わない背景には私たちの思春期への抵抗感があるのかもしれません。

むずかしいお年頃

この年頃の子どもを持つ親の多くは何かと心配やストレスを抱えているものですが、そんな親にとって思春期は「むずかしいお年頃」という表現がいちばんぴったりするのではないでしょうか。「年頃」というのは人生の中のある時期のことで、思春期は男女によって少しズレはありますが、11〜12歳頃から17〜18歳頃までを指すのが一般的です。この年代は広い意味では「子ども」の中に含まれ、私たちは一般的に３歳児であっても見上げるほど背の高くなった17歳の高校生であってもすべて「子ども」と言うのがふつうで、「17歳で子どもはないでしょう」とはなりません。その点では英語の世界は異なり、思春期になるとchildを卒業してteenager（あるいは短縮してteen）とかadolescentなど、年齢によって呼び名が変わり、子どもと大人の間の存在としての思春期はより日常的に意識されやすいかもしれません。日本語にはこの年頃の子どもたちを表すボキャブラリーが乏しいので英文を翻訳するときには苦労します。adolescentの和訳は「青年」がいちばん一般的ですが、13歳の子どもには違和感があるので「思春期の子ども」なんて訳したりするのでさらにややこしくなります。日本語の文化では、あえてこの年代を区別して表現する習慣がないことも、私たちが日常生活であまり思春期ということばを使わない背景かもしれません。

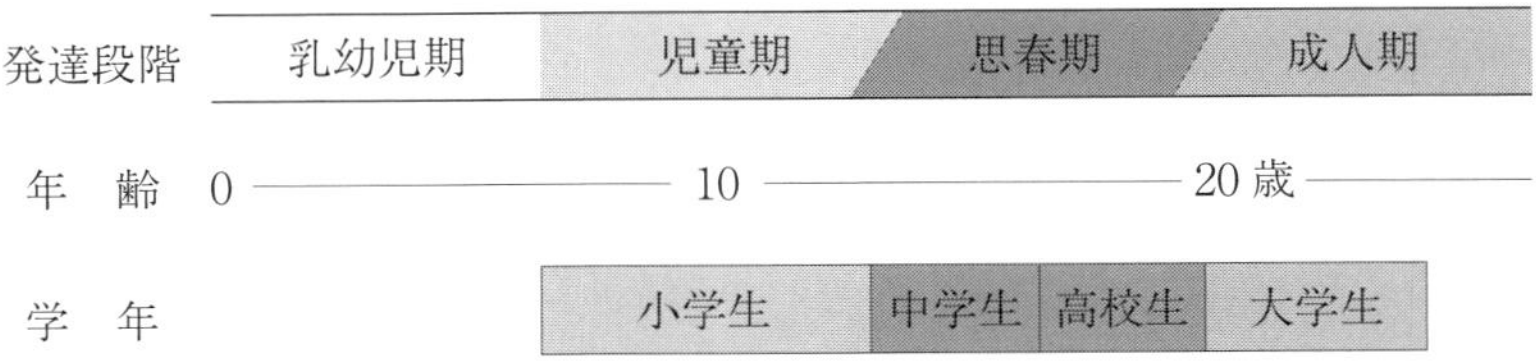

図1　年齢と発達段階・学年の関係

何かと便利な「学年」

日本で子どもの年代を表現することばは思春期という発達段階よりも学年のほうがわかりやすいし一般的です。現在では学校制度も次第に複雑になってきてはいますが、基本的には戦後の教育は一貫して6・3・3・4制を基本とする、いわゆる単線型の教育制度を維持しているので、年齢と学年はほぼ一致します。同じ学年でも実際の年齢は誕生日によって全員が同じにはならないので、同じ年齢集団を表すのに学年は便利です。就学前の幼児ですら年少・年中・年長という区分は定着しており、私たちは子ども期をとおして学年で発達段階を表現できるシステムを確立しているといえます。

発達段階と学年の関係は図1のようになり、思春期はおおむね中学生から高校生に相当します。中学生と高校生ではずいぶん違うので、同じ思春期でひとまとめにするよりも「中学生」「高校生」と呼ぶほうがわかりやすく、誰でもだいたいの雰囲気をイメージしやすいかと思います。考えや行動が年齢にそぐわなければ「思春期にしては……」と言うよりも「中学生にしては……」と言うほうが日常会話ではなじみやすいのではないでしょうか。

2　思春期の意味

忘れ去られた青春

かつて思春期よりももっと広く使われた若い年代を表すことばに「青春」ということばがありました。１９６０年代から70年代にかけて、学生運動に象徴されるような若者のエネルギーが満ちあふれた時代の文学、映画、音楽の中で、「青春」は若者文化の中心でした。さらにはテレビの学園ドラマは汗と涙にまみれた青春時代を描き出して、当時の中学生や高校生の心を引き付けたものです。そんな青春ということばも近頃ではさっぱり耳にしなくなりました。あまりにも当時の若者風俗と密接に関連付けられたために、時代の流れとともに私たちの生活からも忘れ去られたのかもしれません。

この年代を「青春」ということばが代表できたもうひとつの社会背景は、やはり教育事情の違いかもしれません。今日では高校進学は当たり前のものになり、ほとんどすべての子どもは中学を卒業して高校に進みますが、「青春」が花盛りの時代には高校進学率は急伸していたものの、就職も重要な選択肢として残っていました（１９６０年の高校進学率は57・７%、大学進学率は10・３%［文部科学省学校基本調査］）。ましてや大学に進むのは一部のエリートであり、中学を卒業してから大人になるまでの道筋は多様だったので、この時代の15歳から20歳くらいの若者を高校生とか大学生という属性でひと括りにすることもできず、学校制度とは関係ない「青春」が使われたのかもしれません。

その意味では現在の思春期は学校教育制度に飲み込まれてしまったともいえます。そして実際に、思春期の子どもたちの抱える悩みや親の心配のほとんどは、たとえば不登校、いじめ、受験など、学校生活や教育に関連したものになっています。

思春期は「春」

思春期と青春に共通するのは「春」という漢字です。「春」は言うまでもなく四季のひとつですが、草木の芽生える春は物事の期待に満ちた始まりと生命の息吹を感じる季節として、まさに成熟を始める年代にふさわしいイメージがあります。「春」には、「年頃、青少年期」という意味とともに、「男女間の欲情、春情」という意味もあり、艶めかしい性的なイメージもあります。現在でもほとんどの国語辞典で「思春期」を引くと、一般的な説明の後に「春機発動期」という見慣れないことばが付け加えられています。このことばは１８７２年に出版された医学用語集である『医語類聚』に思春期に相当する訳語として登場する、思春期を表すもっとも古い日本語とされています。性的成熟の始まりで定義される思春期としてはまさにそのとおりですが、あまりにもストレートな表現には気恥ずかしさを感じます。ただ、誤解してはいけないのは、たしかに思春期には性腺が活発化し性ホルモンの分泌が高まることで性的に成熟するものの、だからといって「発情」するわけではなく、あからさまな性行動で思春期が始まるわけではありません。人間に近いチンパンジーやゴリラにも性的成熟と生殖行動との間にはズレがあり、「思春期＝妊娠」というわけではありません。

春機発動期の次に一般的になったのが「青春」で、これは中国の五行思想に由来し、「青」は「春」の異称でこれらが組み合わさってできています。現在でも中国語では思春期は「青春期」と言うそうです。思春期の正確な起源は知りえませんが、明治時代の後半には医学書にも登場していて、当時から広く使われていたようです。

思春期と青年期

思春期とともにこの年代を表すことばに青年期があって紛らわしいのですが、じつは両者を厳密に区別することは難しく、同じ年代の子どもにどちらも使うことができます。一般的には思春期は医学用語として、第二次性徴の始まりで特徴付けられる身体的な意味合いが強いかと思いますが、必ずしも身体面に限定されて用いられているわけではなく、この年代の心身両面の特徴を表現する目的でも使われます。青年期は主に心理学の領域で使われてきましたが、カバーしている年代は思春期と基本的には共通しています。

そもそも思春期という年代は子どもから大人に成熟していく過渡期ですが、やはり思春期と言えば子どもらしさが薄れて大人への変化が始まる時期というイメージが強く、実際に私たちが思春期と聞いて思い浮かべるのは中学生ではないでしょうか。その一方で、高校生に思春期という表現を使うのは少し子ども扱いをしているような気もするし、本人たちも思春期と言われるのには抵抗があることと思います。逆に、中学生を青年と呼ぶのにも私たちは少し違和感を感じます。

実際に、学術的な表現でも「思春期青年期」という曖昧な使い方が珍しくありません。同じ意味のことばが重複しているのにとくに違和感なく受け入れられているのは、思春期と青年期が微妙に異なる年代というコンセンサス（つまり、「思春期＝中学生」「青年期＝高校生」）が暗黙のうちに共有されていることによるものだろうと思います。

医学の領域では思春期が基本ですが、こころ（情動）を扱う精神医学は、心理学で使われることが多い青年期のほうが適切かもしれません。とはいえ「思春期やせ症」とか「思春期妄想症」という病名や「思春期精神医学」という分野もあるので、思春期を使ってはいけないわけでありません。かつて「青春」が一世を風靡《ふうび》していた1970年代にはスチューデントアパシーなどの大学生のメンタルヘルスが注目され、青年期ということばが盛んに使われましたが、いずれにしても思春期と青年期の使い分けにははっきりした基準はないまま使われ続けているというのが現状です。

思春期か青年期かという問題はとりとめもなく続くのでこのあたりで止めにしますが、要するに厳密に使い分けることはないというのが結論になります。とりあえずこの年頃の子育てという文脈では思春期のほうがしっくりくるので、本書では基本的に思春期を使うことにします。

3　思春期の始まりと終わり

思春期の始まり

思春期の始まりは第二次性徴の出現というのが定番です。第二次というなら第一次もあるはずということになりますが、第一次性徴はあまり耳にしません。第一次性徴はまだ生まれてくる前の胎児の体内に精巣か卵巣かができることで性別がはっきりすることをいうので、通常はほとんど意識されることはありません。現在では超音波検査で妊娠中に胎児の性別がわかってしまうようになりましたが、これは第一次性徴にもとづいているのではなく、胎児の外観から判断されます。つまりはペニス（外性器といいます）の有無が重要なポイントで、生まれたときの性別も外性器で判断されます。

第二次性徴は生まれたときからある精巣や卵巣（内性器といいます）が成熟して活動が活発になり、性ホルモンのはたらきで体つきが変化することをいいます。ただし、男性らしい体つきや女性らしい体つきに急に変わるわけではなく、また多くの変化はそもそも衣服に覆われたプライベートな部分で起こっていることなので、親といえどもそうそう目にするものでもありません。このように理論的に定義できても、実際にはそれがふつうに見えるわけではありません。思春期のもっとも大きな体の変化は身長の増加で、これは衣服を着ていてもわかるので、思春期に入ったことがいちばんはっきりとわかる現象といえます。

しかし、身体的な思春期の始まりが心理面や行動面の特徴と一致するわけではありません。身長の急伸にしても数か月の時間の幅の中で気付くものなので、外見的にはあまり大きな変化が見えないうちに、親に反抗的になったり、服装や髪形を気にするようになったりといった変化が出てくることもあります。まだまだ子どもっぽさが残る体つきなのに、急に大人びた態度や行動が出てきて親は戸惑うものです。思春期は本人も親も気付かないところで潜在的に進行し、ある日ふと「思春期かも」と意識することで顕在化するのが一般的ではないでしょうか。

思春期の始まりは個人差もあるので、思春期が始まる前後の数年間は同じ年齢や学年でも体つきや第二次性徴の程度には大きな差があります。「12歳だから思春期」「中学生になったから思春期」と一概に決められるものでもなく、子どもは周囲の仲間の影響を強く受けるので、身体的には思春期に入っていなくても態度や行動は思春期っぽくなることもあります。このように、理屈の上では思春期の始まりは明確ではありますが、じつは案外わかりにくいもので、そこがまた悩ましいところでもあります。

思春期の終わり

思春期はいつまで続くのか、どうなったら思春期が終わるのかという思春期の出口は、始まり以上にわかりにくいものです。医学的には身長の伸びが停止することで思春期が終わるとされていて、始まりと同様に理論的には明快ですが、現実的にははっきりした時期を知ることは難しいものです。

高校を卒業して大学に進学したから思春期が終わったというような単純なものでもありません。たしかに現代の子育てでは大学進学は大きな節目であり、親が子どもへのかかわりをぐっと減らすタイミングになります。親元を離れて下宿や寮で生活するようになれば、自立への一歩を踏み出したようにも見えます。しかし、思春期の終わりが成人期に入ることであるとすれば、大学に入ったことで大人になったとは誰も思わないでしょう。

そうなると思春期の終わりを考えることは大人になるということはどういうことかを考えることになります。大人を定義しなければ思春期の終わりは見えてきません。

困ったことに現代社会では従来の大人の定義は通用しなくなりつつあります。大人としての生き方は多様化し、制度としては18歳または20歳を境に法律上は大人として扱われるようになったとしても、年齢だけで一人前の大人として親からも社会からも認められるわけではありません。伝統的な社会では儀式やしきたりによって大人として認められてきたのに対して、「近代化」された現代社会の成人式にはそれほどの説得力はなく、大人への入り口はますます不確かになっています。

大人への移行の長期化、複雑化によって思春期の終わりはますます見えにくくなり、まるで出口の見えないトンネルの中を彷徨《さまよ》うかのようになっています。なかなか大人になれない現代社会では、思春期と成人期はスムーズに接続しておらず、その隙間を埋める新たな段階を置かざるをえなくなり、「ポスト青年期」とか「成人形成期」など、さまざまな名前で論じられています。「ひきこもり」「フリーター」「パラサイトシングル」「ニート」なども思春期と成人期の間で彷徨える若者たちの現象として社会的な関心が持たれてきました〔注1、注2〕。

強いて思春期の終わりを見つけるとすれば、「思春期的な発想を止めたとき」ということになるかもしれません。悩みが解決したり答えを見つけて思春期を脱出することは実際にはなかなかありません。「気が付いたら考えなくなっていた」というのがもっとも自然な思春期の終わりです。溺れた人がもがけばもがくほど沈んでいくように、思春期も悩めば悩むほど抜け出せない泥沼になりやすいものです。答えを見つけようとするよりも、考えるのを止めて現実が見えてきたときこそが思春期の終わりということでしょう。つい数か月前まで大人や社会に反発していた同じ人間が「近頃の若いやつは……」と愚痴をこぼすのを見たときの親のあきれた顔こそが思春期の終わりを象徴しています。

4　子育ての要としての思春期

大人には理解できない思春期

いつの時代も大人たちは若者について語るときに「昔は～だった」とか「俺たちの若い頃は～だった」とつい口にします。若者たちの考えていることやすることが理解できない、というか納得できないという気持ちが、ついついそんなことばになって出てくるものです。ともすれば懐古主義になって自分たちの世代をむやみに美化しがちですが、昔の子どもが「良い子」だったかと言えば決してそんなことはありません。大人と若者との間に立ちはだかる大きな壁のために、大人はどうしても若者を理解できないのです。

なぜ大人は若者を理解できないのでしょうか。それは「大人だから」です。大人になると思春期が見えなくなる――逆に言えば、思春期が見えなくなったら「大人」ということもできます。自分の思春期にいったん蓋をしてしまうと、もはやその世界は心の奥深くに閉じ込められて自分でも手の届かないものになるのです。そのことが思春期になった子どもの子育てに苦労する要因になります。

親はどうすればいいのか

いつの間にか始まり、いつ終わるのかわからない思春期、何を考えていて、何に悩み、どんな助けを求めているのかわかりにくい思春期――そんな子どもに親としてどうすればいいのかわからず、悶々《もんもん》とした日々が続きます。

具体的な世話に明け暮れる乳幼児期、口うるさくしつける児童期、それに対して思春期の「子育て」はとらえどころがありません。まだまだ一人前にはほど遠いとはいえ、一人でどこにでも行けるような子どもに「子育て」と言うのも何かしっくりこないところもあって、親の役割はさらにかすんでしまいがちです。

親の具体的な役割や子どもへのかかわり方が見えにくい中で、いつの間にか「思春期だから仕方がない」「親が口出ししても聞かない」と言い訳して消極的な子育てになったり、友だち付き合いを重視する昨今の風潮は、「思春期には友だちが必要」という親が子育てから手を引く絶好の口実を与えてくれます。さらには、下のきょうだいに手がかかる、仕事が忙しいなど、親が子育てから退却する口実はいくらでもあります。

しかし、理解できない、どうしたらいいのかわからない、ということで親が子育てを放棄するわけにはいきません。親の役割や具体的なノウハウがわかれば、もっと積極的にこの年頃の子どもにかかわることができるのではないでしょうか。子どもの成長にとってきわめて重要な課題のある思春期に親の役割がないはずがありません。

では、思春期の子育てには何が必要なのでしょうか。

大人への移行期としての思春期

思春期は身体だけでなく心理的にも大きな変化があり、人生の中でも変動の激しい時期に相当します。しかし、間違えてはいけないのは、思春期の心身の変化にどう対応するか、思春期のトラブルにどう対処するか、ましてや「良い子にする」ということが思春期の子育ての真の目標ではありません。思春期の本質は子どもから大人への移行であり、さまざまな失敗やトラブルがありながらも、最終的には大人になることが目標であることを忘れてはなりません。思春期の中だけで考えるのではなく、常にその先にある大人への視線が思春期の子どもへの対応には欠かせません。

人間にかぎらずすべての生き物にとって移行期は不安定でたくさんの危険がつきまといます。たとえばヤドカリが成長してひと回り大きな貝を見つけて引っ越しをする移行では、現在の貝を脱ぎ捨ててから新しい貝に入るまでの間は無防備になり外敵に襲われる危険にさらされます。脱皮したばかりのエビやカニは捕食者の絶好のごちそうになります。このように移行期には命にかかわる重大な危険が伴うもので、それは私たちの子どもの思春期でも基本的には同じです。思春期には自殺を考えたり実行することも少なくなく、まさに命の危険さえ高まる時期であり、そのリスクを決して軽く見ることはできません。

思春期の本質が子どもから大人への移行であるとすれば、多くのことが変化する不安定な時期ということになり、その不安定な移行期が長期化すれば危険はさらに大きくなります。ヤドカリは素早く次の貝に入るように努力できるかもしれませんが、残念ながら大人への移行が複雑で長期化している現代社会では、この危険な移行期を短くすることは簡単にはできません。だからこそ不安定な社会の中で思春期を過ごす現代においては、子どもを見守り支える親や大人の役割はこれまで以上に重要になります。何もかも親に依存しなければ生きていけない赤ちゃんの世話も重要ですが、危険に満ちた長い思春期を支えることは、大人という最終的なゴールに向けた子育てのまさに要といえます。

思春期こそ親が必要

思春期には子ども自身の変化とともに、親子関係にも大きな変化が起こり、その混乱の中で親は自分の立場や役割を見失い、お互いの理解の不足や誤解も加わって、十分な子育てができなくなりかねません。思春期の「根拠のない自信」が時として親を見下し、親の助けを拒絶することもありますが、思春期になればもはや親は必要ないとまで割り切れるものでもありません。

子どもと大人の狭間《はざま》にある思春期ですが、子どもか大人かという二分法では思春期はまだ子どもに属していることは言うまでもありません。どんなに偉そうな態度で強がったとしても、まだ親や大人の助けがなければ生きていくことはできません。子どもが18歳になっても19歳になっても「子ども」と呼ぶことに違和感を感じないように、私たちの感覚の中でも思春期はまだまだ子どもです。そうであれば親の支えが不可欠であることは当たり前のことです。

そもそも赤ちゃんはおむつを替えてもらってもおっぱいを飲ませてもらっても一言もお礼を言ってくれないように、子育ては親の一方的な奉仕活動であって、子どもからの見返りを期待する行為ではありません。思春期の子育てではお礼が期待できないどころか、拒絶、無視、暴言が返ってくることさえあるので、なおさら「やってられない」という気持ちになりかねません。しかし、感情的になって親であることをやめてしまえば、まだ一人で生きていけない子どもには大きな危険が迫り、そこから身を守ることはできません。

思春期の課題は一人ひとりの子ども自身の発達課題であると同時に、子どもがかかわる他者との人間関係の発達課題でもあります。個人の発達課題を直接的に援助することには限界がありますが、周囲の人間関係は子どもが課題に対処する「場」を提供することで貢献することができます。思春期の子育てではこの「場」こそが重要になり、そのもっとも基本的な人間関係が親子関係ということになります。思春期の子育てでは親子関係の理解がとても重要になります。次章では思春期の親子関係について詳しく見ていくことにしましょう。

〔注1〕宮本みち子（２００２）『若者が《社会的弱者》に転落する』洋泉社

〔注2〕本田由紀・内藤朝雄・後藤和智（2006）『「ニート」って言うな！』光文社

第2章
思春期の親子関係

1　対人関係の構造変化

子どもが生まれてから成長していくプロセスでは、個体としての成長、つまり身体の発育、運動機能や認知能力の発達とともに、周囲の人たちとの関係性が拡大・発展していく社会的な成長も重要です。人間は社会的存在といわれるように、さまざまな人との関係性の中で生きていくことは人間の最大の特徴ですが、子どもの場合はそれ以前に大人からの世話がなければ生きていくことができないので、養育的な大人との関係はまさに必須の要素になります。親は子どもの対人世界の中心的な存在であり続けなければなりませんが、そのポジションが微妙に変わるのが思春期で、時として親子関係に重大な危機が訪れることもあります。思春期の子育てではこの時期の親子関係の変化を正しく理解して対応することがポイントになります。

対人関係の発達

生まれたばかりの子どもにとって親とのつながりは生存の第一関門になります。生まれた赤ちゃんがまったく世話されずに放置されれば、そのか弱い生命はすぐに終わりを迎えてしまうことになります。出生直後の新生児にとっての母親は乳首だけの存在のように見えますが、やがて母親との情緒的な交流が始まると赤ちゃんは積極的に母親を求めるようになり、母親がいることで安心するようになります。子どもは母親を求めることで母親からの世話を引き出し、母子関係が形成されていきます。子どもを産んだ母親は自動的（本能的）に子育てができるようになるのではなく、子どもが母親を求めることで母子のきずながができてはじめて親としての世話ができるようになるといわれています。この母子のきずなを作るメカニズムこそが本書のテーマである愛着です。愛着の詳細については次章であらためて説明します。

最初の母親との関係は子どもにとってまさに生きていくための命綱ですが、それは子どもが対人世界を広げていく足がかりとしてもとても重要な役割を持っています。母親への信頼と依存を拠りどころに、子どもは父親ともつながりを持つようになり、きょうだいや祖父母なども含めた家族関係へと対人世界は広がっていきます。母子の行動範囲が広がるとともに子どもの対人世界も広がり、保育集団に入ると子ども同士の交流や遊びを経験することで、子どもの対人関係は発達していきます。

しかし、乳幼児の間は親は常に子どもの対人関係の中心であり続け、子どもは少しでも不安になれば親を求め、親に受け止められることで安心できるように、いつでも子どもの手の届く範囲にいることが求められます。とはいえ、子どもが親に気を遣ったり遠慮したりするわけでもなく、それどころかわがままや自分勝手な行動で親を苛立たせては叱られることも多く、親はいつも優しいばかりではありませんが、それでも子どもは親を求め続けるというのが親子関係の不思議な世界です。親との関係は良いことばかりではないとしても、子どもにとってはもっとも重要な対人関係であり、そこに依存することで対人関係を広げていくことができるのです。

友だちの台頭

3～4歳になって保育所や幼稚園で子ども集団の中に入るようになると「友だち」との関係に関心が向けられるようになります。親との関係が依存と支配という縦の関係であるのに対して、友だちとの関係は対等な横の関係（仲間関係）となるので、子どもにとっては新たな対人関係のパターンに挑戦することになります。それは子どもの対人世界が一気に広がる転機であり、親は子どもがうまく集団の中に入っていけるかどうか、友だちができるかどうか、とても心配するものです。しかし、どんなに心配しても、相手のあることなので親が直接手を出すこともできず見守るしかないので、親にとっては大きな試練になります。

子育て情報が氾濫《はんらん》する今日では、幼児期の友だち関係にも「標準」があるかのように思い込み、他の子どもとの違いに敏感になりがちです。たとえば、友だちの中に入れない子、友だちに興味を示さずに一人遊びを好む子、乱暴で些細《ささい》なことで暴力をふるう子など、友だち関係の問題はまるで標準的な発達からの逸脱であるかのようにとられることもありますが、この段階では子どもの社会的行動はまだ未熟なので、不適応行動がそのまま異常というわけではありません。

小学校に入る頃になると、子ども同士のやりとりが増えて、そこから子どもたちは社会的に成長し、友だち関係の質は年齢とともに大きく変わっていきます。担任教師という大人に依存した学級集団の中で子ども同士の活動が生まれ、小学校の高学年には同じ遊びを一緒にする集団が形成され、思春期に入る頃には同じ興味でつながる仲良しグループ、さらには価値観や考え方を共有する仲間関係に発展し、親との距離を広げつつ友だちとの関係が強くなっていきます〔注１〕。子どもの対人関係の中で友だち関係が台頭してくることが思春期の重要な特徴です。

親の立ち位置

多くの親は子どもには友だちが必要であり、友だちがないことはかわいそうという感情論を超えて、友だちがなければ不登校になったり社会から取り残されていくような現実的な不安すら抱くことがあります。だからこそ、親にとって子どもの友だち関係は重大な関心事にもなります。子どもの生活には友だちは必須の要素であるという信念の一方で、友だちからの悪影響やいじめなどの友だち関係の弊害も心配の種になり、何かと親にとっては気がかりになります。

友だち関係が本格化する思春期になると、子どもの友だち関係が不透明になって見えにくくなってきます。小学生の頃はどの子と何をして遊んでいたのかがだいたい見えていたのに、中学生になると子どもは多くを語らなくなり、親は子どもの友だち関係を把握することが難しくなります。子どもの行動範囲が広がって親の目の届かないところが増えるのに反比例して、子どもからの情報が減ることで親の心配が募ります。いっそのこと友だち付き合いを禁止して、親の目の届く範囲に行動を制限しておけば安心ですが、それでは子どもがいつまでも親離れできなくなるのではないかと心配になります。心配しながらも過保護な親になることへの警戒も強く、親の迷いは深まるばかりです。思春期を迎えた子どもに対する親の立ち位置は悩ましいものです。

思春期になると親よりも友だちとの行動を優先するようになるのはごく自然な成長過程かもしれませんが、その変化の中で親はそれまでの役割や立場を失ったような喪失感すら味わいます。親子の会話が減って、子どもが何を考えているのかがわかりにくくなるのに加えて、現在では携帯電話やインターネットが普及することで、子どもは親が関与しない別の情報ネットワークを持つようになり、親子の話題や関心を共有することが難しくなってきています。思春期は親－子ども－友だちの対人関係の構造が変化することで、親子関係に大きなストレスがかかり、親子の双方に新たな適応が求められることになります。思春期の子育てのテーマは親子関係と言っても過言ではありません。

2　子どもと親の葛藤状態

子どもには子どもの言い分があり、親にも親の言い分がありますが、両者が折り合うことは難しく、思春期の親子関係は互いに譲らない葛藤状態を呈します。それは子どもの立場と親の立場の対立であると同時に、子どもと親のそれぞれの内面に存在する相反する考え方の対立も伴う、複雑な葛藤でもあります。思春期の問題の基本はあくまでもそれを体験する子ども自身の発達課題ですが、それは親にとっても子どもとの関係をめぐる課題を突き付けられる体験となるので、子どもと親のそれぞれの葛藤を理解しておく必要があります。

子どもの葛藤――友だちか親か

すでに述べたように、思春期の人間関係のもっとも重要な特徴は友だち関係で、同じ興味を持ち、いつも一緒に行動する友だちができると、次第に友だちとの関係が優位になって、親への関心が薄くなっていきます。家族の予定よりも友だちとの約束が優先するようになり、結果的に親と一緒に行動することも減り始め、ますます親との距離は開いていきます。

仲間の価値観を共有するようになると親の価値観と対立するようになり、今までのやり方に抵抗し、親の言うことを聞かなくなったり、不満をぶつけたりするようになります。友だちの影響を受けて、服装や髪形、持ち物、聴く音楽や興味が変わり、言葉遣いも変わってきたりします。思春期の友だち関係はただ一緒に時間を過ごす相手というだけではなく、子ども自身の価値観や態度にまで影響を及ぼす大きな存在で、それまでの親の役割に取って代わる可能性すらある点で、それ以前の友だち関係とは違いがあります。友だち関係の深さや影響の強さは個人差があるので一概にはいえませんが、一般的に子どもにとって友だちの存在が大きくなれば親の存在は相対的に小さくなります。

しかし、思春期の子どもは積極的に親と決別しようとしているわけでもないことも事実です。ほとんどの子どもは親に不満をぶつけつつも、家庭にとどまって親子関係の中で成長を続けます。親か友だちかという葛藤は、じつは子ども自身の中での親に対する葛藤を反映しているものでもあります。それは、子どものままでとどまるか、それとも大人に向かっていくのか、言い換えれば親に依存し続けるのか、親への依存を断ち切って自分でやっていくのかというものです。親への依存を諦めれば友だちに向かっていく傾向が強まります。

親への依存は子どもの特権でもあるので、大人に向かって進んでいくことはその特権を自ら手放すことになります。親への依存欲求が満たされないまま残っている子どもでは、この葛藤はさらに激しいものになり、それが親を巻き込んだ問題行動につながることもあります。一般的には16～17歳でピークになるこの葛藤は、子どもの世界から大人の世界への分岐点であり、自立に向けた重要な葛藤といえます。

一方、友だち関係は家庭よりも学校でより重要な意味を持っていて、子ども同士の集団の中では親よりも友だちの方を向いていなければ生き抜くことができないという事情もあります。学校――つまり、同年齢の子ども集団で生活する場――で日中の大半の時間を過ごす現在の子どもたちにとって、友だち関係を無視して生きていくことはできません。良い友だち関係がある一方で、価値観の異なる同級生との関係には微妙な緊張感があり、仕方なく付き合わざるをえない友だち関係もあります。友だち関係は良いことばかりとはかぎらず、子どもにとって大きなストレスになることにも注意しなければなりません。

いずれにしても、思春期は親か友だちかという二者択一の選択を迫られる場面が増え、対人関係の葛藤が高まる時期といえます。その結果として、それまでは比較的穏やかだった親子関係は大きく揺さぶられて不安定になりやすくなります。

親の葛藤――自立と過保護

親側から見た思春期の親子関係の葛藤は、子どもの成長への対応の戸惑い、とくに過保護への不安との闘いということができます。発達理論を学ぶまでもなく、思春期は子どもが親から自立し始める時期であることは誰にでも理解できると思います。友だちとの行動が増えて、親に反抗したり秘密を持ったりするのも、親から離れて一人立ちしていくことの始まりだと理屈の上では理解することはできることでしょう。その一方で、言うことを聞かない子どもの態度や意見の対立は親にとってストレスにはなりますが、いつまでも親に従順なままでいることも心配になるものです。いずれにしても、親は子どもの新たな行動パターンに対して、どう向き合うかに悩み、迷いは深まります。

思春期にかぎらず子育ての全過程をとおした親の悩みのひとつが、どこまで手を出し、どこからは子ども自身にやらせるか、あるいはどこまで目をつむり、どこで口を出すかという、親の関与や介入の程度です。まだ寝返りがやっとできるようになった赤ちゃんですら、泣いたらすぐに抱っこしていていいのかという悩みに始まり、2歳になっていわゆる第一反抗期になると、何でも「イヤ」と言いながら甘えも強いわが子に手を焼きつつ、どこまで自分でやらせるか、どこから手を貸すか、を悩みます。自立心の芽生える時期に親のかかわり方はしつけのカギを握る要素であり、「過保護」な親になって子どもの自立の足を引っ張ることをとても心配するものです。

第二反抗期とも呼ばれる思春期はいわば巣立ちの時期に相当します。親から離れていこうとする子どもをいつまでも引き留めれば、子どもの自立を妨げることになります。親から見れば危なっかしい行動や怪しい友だちとの付き合いであっても、それをやみくもに禁止すれば、子どもの成長を妨げる過保護な親にならないかという心配が頭をもたげます。どれだけ言っても聞かない子どもに手を焼いている親にとっては、過保護への心配は子どもの好きなようにさせることを正当化する格好の言い訳になることがあります。思春期のまだ怪しい「自立」を無条件で認めることは危険きわまりないことで、親としての責任放棄にもなりかねませんが、それでも子どもに介入・干渉することは親の心の奥に潜んでいる過保護への不安を刺激して、親としての行動を躊躇《ちゅうちょ》させることがあります。

依存的な子どもから自律的な大人に向かう狭間で、親は過保護への不安と闘いながら子どもとのかかわり方に迷います。子どもの思春期は親にとっても悩ましく葛藤に満ちた時期といえます。

３　思春期に何が変わるのか

ここまでに説明してきたように、思春期は子ども自身の考え方や行動の変化だけでなく、対人関係も大きく変化しますが、この思春期の対人関係の変化の本質とは一体何なのでしょうか。表面的には親子関係の葛藤がいちばん目立つのは確かですが、大局的に見れば、じつは親子関係自体はほとんど変わっていないというのも事実です。あいかわらず親の家で生活し、親の用意した食事を食べ、子どもの生活は全面的に親に依存したままです。どんなにえらそうなことを言ったとしても、親に養ってもらっていることには変わりありません。つまりは、親は今までどおり子どもの世話を続けており、その意味では依存と自立の対立などという大それた葛藤とはほど遠く、まだまだどっぷりと親に依存しているということになります。

どんなに友だち関係にのめり込み、家に寄りつかなくなっていたとしても、やはり親に依存し養ってもらっていることには変わりありません。変わったのは子どもと親や友だちとの距離であり、親子関係の質なのです。

対人関係の距離の変化

思春期になって親が消えるのではなく、思春期になって友だちが突然現れるわけでもありません。つまり、子どもの対人関係の登場人物は思春期の前後で大きく変わるわけではありません。変わるのは親や友だちへの関心やつながりの強さで、それは対人関係の距離の変化にたとえることができます。親密な関係ほどお互いの距離は近く、疎遠になれば遠いというように、私たちは対人関係の強さを距離として直感することができます。思春期前後の対人関係の距離を模式的に示すと図2のようになります。これは親とその対極に存在する友だちとの関係の中で、子どもがどのあたりの位置にいるかを示していて、それぞれの発達段階での子どもの対人世界の特徴をイメージしていただけるかと思います。

親に依存的な生活をしている前思春期の子どもは、友だちとの関係を持ちながらもより親に近いところに位置しているのに対して、思春期になると子どもは友だちとの距離を縮めると同時に、親との距離は開いていくようになります。しかし、これは親か友だちかという二者択一

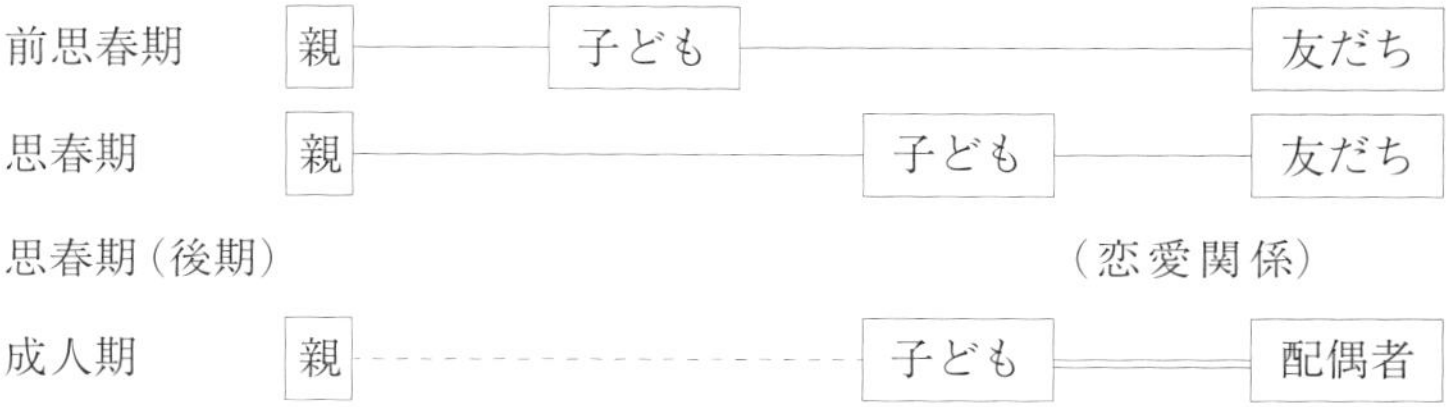

図２　子どもの対人関係の距離の変化

の選択ではなく、どちらの関係も残しつつ、友だちとの距離が近くなることで必然的に親との距離が遠くなるというもので、親の存在が消えるわけではありません。それまでよりも遠い存在になった親との接触は減り、子どもは親の影響が及びにくい世界で活動することが増えます。

思春期の後半に入ると友だち関係とは別に恋愛関係が現れ、それが発展して成人期に独立した家族を持つ基盤になります。結婚して夫婦関係が成立すると、基本的な対人関係は親子関係から夫婦関係に移行し、本格的な大人としての生活が始まります。この時点で子どもは育ってきた親子関係から出ることになり、それまでとは質的に異なる関係としてつながりは続いていくことになります。

親子関係の質の変化

友だちとの相対的な距離の変化とともに、親子関係には質的な変化も見られます。

幼児期の親子関係では直接的なかかわり、つまり直接手を触れる関係（身体的）が中心で、必然的に親の手が届くほどの近い関係でなければなりません。それに対して、身辺が自立し、なおかつ親が一緒でなくても一人で、あるいは友だちと行動範囲を広げる思春期では、親とのつながりは身体的なものから心理的なものへと変化します。すなわち、思春期では親の姿が見えないくらい離れたとしても、それだけで不安になることはなく、自分の中に内在化した親の存在が作用する、より間接的な関係といえます。その意味で、思春期は物理的に距離が広がり、親の姿が見えにくくなったとしても、意味のある親とのつながりが残っていることになります。

心理的なつながりが確かなものになれば子どもは親のそばにいることが少なくなりますが、一緒に行動したり、直接手を触れて世話をすることが減ったとしても、親子関係がなくなるわけではありません。思春期の親に対する反抗的態度は親を否定しているように受け止められ、親子関係が崩壊しているかのように見えるかもしれませんが、子どもが親の世話を必要としなくならないかぎり親子であることがなくなることはありません。変わったのは親子関係の質、つまり、直接的（身体的）な関係から間接的（心理的）な関係に変わったということです。

思春期になっても変わらないもの

思春期の子どもの態度や言動の変化によって親子関係はそれまでとはがらりと変わったとしても、親が親でなくなったわけではありませんし、子どもが子どもでなくなったわけでもありません。質的に変わる部分があったとしても、親子関係がそれ以外の関係になるわけではありません。たとえ激しい感情的な対立が起きたとしても、それだけで親子関係が解消されてしまうことはありません。それどころか、子どもの親に対する攻撃的な言動の背景には、激しい親への依存欲求が潜んでいることさえあり、親子の情緒的な結びつきは簡単に消え去るものではありません。

一時的な対立や諦めで親が親であることをやめてしまうわけにはいきません。子どもにとって大きな発達的課題に向き合って不安定になりやすい思春期には、親の必要性は変わらないどころか、むしろ高まることさえあります。親子関係の質的な変化に応じて、子どもとのかかわり方を調節しながら、子育てを続けていくことが親の重要な役割です。もう親を必要としなくなったと早合点して子育てから降りることがあってはなりません。思春期になっても親子関係は子どもにとってもっとも重要な対人関係であることは変わりません。

〔注１〕保坂　亨（２０１０）『いま、思春期を問い直す――グレーゾーンにたつ子どもたち』東京大学出版会

第3章

子育ての条件としての愛着

1　子育ての前提条件

子どもは誰のもの？

子育ては親として大きな責任のある役割であることは言うまでもありません。それは基本的には親が子どもに対して行う行為なので、親の課題であり、だからこそ何かと悩んだり心配し、時には親としての自信を失ったり、誰かに助けを求めたりするものです。すべての親にとって子育てはたいへんな仕事であり、毎日一喜一憂しながら子どもに向き合っていることかと思います。

しかし、子育ての主役は本当に親なのでしょうか。親がしっかりと頑張れば子育てはうまくいくのでしょうか。逆に言えば、子どもに何か問題が起きるのは親の子育ての失敗によるものなのでしょうか。親の育て方によって子どもの育ちが決まるとすれば、子育てという仕事は私たちがふつうに考えているよりも、ずっとずっと責任の重いものとなり、たいへんなことになります。実際に、子どもに何か問題が生じると、自分の育て方のせいではないかと罪悪感に苛まれる母親もよくいます。

もちろん、子どもはあらかじめ決められたとおりに（つまり遺伝子に従って）成長するだけではなく、育つ環境によって変わることも事実です。まったく同じ遺伝子の組み合わせを持っている一卵性双生児ですら、外見的には瓜二つでも性格や行動まで同じにはなりません。行動遺伝学の研究によれば、家庭外の友だち関係などの影響に比べて親の育て方の影響はかなり小さいといわれています〔注1〕。

子育ての主役が親だとすれば、親は自分の思うとおりに子どもを作り上げることができることにもなります。音楽家にするべく幼児期からピアノやバイオリンを習わせたり、オリンピックやプロスポーツで活躍するアスリートを目指して親子で練習に励んだりするように、親の思い描く成長を子どもに期待することがあります。また、歌舞伎や能などの伝統芸能の世界では、子どもは世襲すべく物心つくかつかない頃から稽古を始めます。そこまで極端ではないふつうの子育てでも、親は何かしらの期待を込めて子どもに働きかけるものです。

親が子どもに期待を抱くこと自体は否定されるものではありませんが、あまりにも親の意図が前面に出る子育てには、子どもを私物化する危険が潜んでいます。戦前まで続いた家父長的家制度では、子どもは家や親の所有物であるかのような立場であったかもしれませんが、子どもにも人権が認められるようになった現代社会では子どもは親の所有物であってはなりません。

自分自身に「私は誰のもの？」と自問して、「お母さんのもの」と答える人はいないと思います。親への依存心や敬意があったとしても、親のために生きているわけではなく、あくまでも自分は自分です。それは子どもであっても変わりません。子どもは誰のものでもなく、子どもも自身のものであり、決して親のものではないということをあらためて確認しておくことが、子どもに対する親の役割を考える前提になります。

子どもが主役の「子育ち」

たしかに子どもは親が子育てをしてくれなければ育つどころか今日一日を生きていくことさえできません。その意味で子育ての主役は親であるのかもしれませんが、子育ての目的を考えれば、子どもが無事に育つことこそがもっとも重要であり、育つのは子ども自身なので、子育ての主役は子どもということになるのではないでしょうか。子育ては親の仕事であっても親としての達成（どういう子どもに育て上げたか）が目的ではなく、子どもが健やかに成長して大人になっていくことこそが子育ての本質といえます。そう考えれば、子育ての主役は子どもであり、親はもっとも重要な脇役ということになります。つまり、「子育ち」を助けるのが子育てということです。

子どもが主役の「子育ち」では、子どもは親が作り上げるものではなく、子どもの育つ力を支えることが親の仕事になります。この親の仕事は、たとえば授乳したり食べ物を与えたりするような、生きていくために必要な世話をすることだけでなく、子どもを危険や有害なものから守るという安全の保障も含まれます。それは植物の栽培と共通します。水や肥料を与えることが世話であり、風雨や寒さを防ぐのが安全の保障になります。すべきことをしてあとは成長を見守る、というのが命あるものを育てる基本です。世話と安全の保障のどちらも確実にすることが子育ての基本であり、それによって子どもは育つことができるのです。

子どもが主役である「子育ち」の視点からは、子どもがうまく育つことができるかどうかは親あるいは親に相当する大人から、いかに世話を引き出し、安全を保障してもらえるかが大きな問題になります。子どもを産むことで親は自動的に子どもの世話をするようになるわけではなく、時には母親が赤ちゃんに関心を示さなかったり、遺棄してしまうことすらあります。生まれる前から母子関係は始まり、出生後も強いきずなでつながらなければ、子どもは生きていくことができません。子育てであっても子育ちであっても、この母子のきずなこそがもっとも重要であることに変わりはありません。

親子のつながり

どんなに子どもに寄り添い一生懸命に世話をして、安全な環境を用意して子育てをしたとしても、子どもがそれをすべて受け入れるとはかぎりません。親の与える食べ物を食べようとしなかったり、着せようとする服を嫌がったり、歯磨きや入浴を拒否したり、幼児ですら親の世話を当たり前に受け入れるとはかぎりません。ましてや思春期になれば、親の世話を受け入れるどころか、ことごとく親と対立し、直接的な関係が減っていきます。反抗する子どもの世話と安全を守ることは至難の業です。

人間以外の動物は生まれてすぐに自分から乳首を探して吸い付いて母乳を飲むことで成長し

ますが、人間の赤ちゃんは自分で乳首を探すことも、そこにたどり着くこともできません。そのため、母親が赤ちゃんを乳首まで誘導しなければならないので、生まれて間もない頃の「子育ち」は母親が主導して、赤ちゃんは受動的にそれを受け入れることになります。人間の場合は子どもが積極的に母親につながらなくてもいい代わりに、母親が子どもを世話しようとしなければまったく生存の可能性がなくなるというリスクが伴います。このような人間の「子育ち」では、子どもが育つためのつながりは母親側が作らなければならず、母親の愛情や母性というものが重視されることになります。それが子育ての主役が母親であるかのような錯覚をもたらしたのかもしれません。しかし、それは子どもが積極的に母親を求めていく他の動物の育ちとはまったく異なります。人間はそれほどまでに他の動物とは違う生き物なのでしょうか。

この疑問を解くカギは、人間の赤ちゃんは恐ろしく成長が遅いということにあります。人間は超未熟児で生まれることが特徴で、他の動物と同じくらいに子宮内で成熟するとすれば、人間の妊娠期間は20か月くらいになるという説もあります。つまり、本来であれば子宮内で受動的に最適な環境で育っている時期に産まれてきてしまうために、母親による育児が必要ということになります。そして、子どもがハイハイをして自力で移動できるようになると、母親のあとを追いかけてしがみつくようになり、この時点で他の動物と同じように子どもが母親を求めるという本来の「子育ち」の条件がやっと整います。ここまでくれば人間の「子育ち」もやはり子どもが主体的に親を求めることが基本であることには違いないということになります。

子どもが親を求め、つながろうとすることが「子育ち」の前提条件であり、それがなければどんなに母性的な母親であってもうまく子育てをすることはできません。その子どもが親とつながろうとすることこそが愛着です。

2　愛着の理論

親子関係の心理学

愛着（またはアタッチメント）は英国の児童精神科医ジョン・ボウルビーが提唱した概念で、特定の他者との間の緊密な情緒的きずなと定義されます。子どもの発達を扱う児童精神医学や発達心理学だけでなく、母子保健や保育などの分野でももっとも基本的な理論のひとつとして、とくに親子関係の理解には必須の概念になっています。最近話題になることが多くなった児童虐待についても、虐待が発生する背景とともに虐待が子どもの発達に及ぼす影響を理解するためにも愛着はとても重要で、愛着障害という診断がしばしば使われます。

子どもは親がいなければ生まれてくることはありませんが、生まれたあとは必ずしも産んだ親が育てるとはかぎりません。今でこそ実親が育児をするのが当然のように思われていますが、19世紀頃までの社会では貴族や裕福な家庭では乳母が育て、庶民も子守に預けて仕事をするのが一般的でした。ですから、子育ての中で母性とか親子関係がテーマになってきたのは1960年代になってからのことで、ボウルビーが愛着の概念を着想したのもちょうどその頃でした。

ロンドンで精神分析の訓練を受けて児童精神科医になったボウルビーは、第二次世界大戦後にWHO（世界保健機関）の依頼を受けて行った戦災孤児の調査から、施設入所などによって乳幼児期に母性的な世話や養育が十分に受けられないと、その後の心身の発達に遅れや歪みが生じ、それは長期的に影響を及ぼすということを報告し、母親による子育てや母性の重要性に関心が高まりました。母親による育児をめぐってはさまざまな批判もありましたが、親子関係や養育環境の重要性が広く受け入れられるようになるきっかけになったことは間違いありません。

子どもの発達は個人としての心身両面での発達だけでなく、子どもを取り巻く他者との関係性、つまり対人関係の発達も重要です。乳幼児期の対人関係の基本は親子関係であり、子どもの対人関係の発達の中心的な概念が愛着です。

理論としての愛着概念

愛着によって子どもは親につながり必要な世話を引き出すことができるとしても、なぜ、どうやって子どもは親につながるのでしょうか。ボウルビーが学んできた精神分析学では、赤ちゃんが母親を愛するのは母親によって食べ物が与えられるという欲求や、母親がいないことに危険を感じる不安によって説明されてきましたが、ボウルビーは子どもが母親を求めるのは空腹や不安のためだけではなく、子どもの愛着そのものが母親を求めるようにできているという立場をとり、伝統的な精神分析学と対立する考えを持っていました。

精神分析学はジークムント・フロイトによって創設された人間心理と治療技法の体系で、20世紀の精神医学では大きな存在感を示し、臨床心理学の主要な理論として現在にも引き継がれています。精神分析学は無意識の世界を扱う治療技法ですが、基本的にフロイトの築いた理論体系にもとづいたもので、そこからすべてができあがっています。さまざまな学派がありますが、いずれも仮説的理論に依拠していることには変わりありません。その点が精神分析学の最大の弱点であり、20世紀後半には生物学的な精神医学の発展によって臨床現場から姿を消していきました。

精神分析学に代わってボウルビーが拠りどころにしたのが動物行動学（エソロジー）で、とりわけ後にノーベル生理学・医学賞を受賞したコンラート・ローレンツやニコ・ティンバーゲンらが解明した本能行動が引き出される仕組みや、ガンやカモなどの孵化したばかりのヒナが最初に見た動くものを親だと思って後追いする刷り込み現象を、乳幼児と母親との関係に応用することで、愛着の理論を発展させました。動物行動学の知見は人間の母子関係について、客観的に観察できる自然科学的な理論体系を構築することを可能にしたといえます〔注２〕。

しかし、ここで注意しなければならないことは、人間の母子関係が動物行動学によって解明されたわけではなく、愛着の理論はあくまでもボウルビーが提唱した理論であり、愛着という具体的な機序が実存しているとは言い切れないということです。つまり、愛着もやはり仮説的理論であるということです。母子関係の問題やそれに起因する子どもの情緒的な問題を理解するのには非常に有用な理論ではありますが、客観的に証明できる真理というわけではありません。その意味では精神分析学と本質的には違いません。子どもがすべて愛着理論にそって行動するわけではなく、個人差や状況によっても変わります。ましてや「正常な愛着」から逸《そ》れることでただちに「異常」と判断するようなものでもありません。

現在では愛着は乳幼児期の親子関係だけにとどまらず、恋愛関係や夫婦関係も含めたあらゆる人間関係における情緒的きずなとして、より広い意味で使われるようになってきており、その概念はどんどん広がってきています。もはやボウルビーが提唱した愛着理論よりもずっと広い意味での愛着が普及しつつあります。むやみやたらに拡大することには慎重でなければなりませんが、あくまでも仮説的理論であるとすれば、学術的に厳密な定義に固執するよりも、より実用的な理念として子どもの行動や親子関係の理解に役立てることも有用です。本書では愛着の本質を踏まえながらも、あまり細かい理論に入り込まずできるだけ実用的に役立つような使い方をしていくことにします。

3　愛着の本質

愛着の基本要素

愛着は本来、危機的な状況に直面したり、潜在的な危機が迫っているときに、特定の対象に接近してつながることで、恐怖や不安を低減して調節しようとする行動調整システムで、安全であるという感覚を確保することがもっとも重要な目的となります。

愛着には以下のような三つの基本的な要素があります。これらの要素は愛着がその目的を達成するために重要であるとともに、愛着の状態を理解したり調整するためにも役立ちます〔注3〕。

（1）選択した一人の人物への接近志向

愛着理論のもとになったヒナ鳥の刷り込み現象のように、愛着は一人の人物に向けられるというのが基本になります。この愛着の特性のことを「単向性」といいます。ただし、この単向性は絶対的なものではなく、主たる愛着対象がある状況で、その次に愛着を向ける対象を持つこともできます。母親への愛着がしっかりとできていることを前提に、父親や祖父母へも愛着を持つことは可能になりますが、母親と父親に同時に対等の愛着を持つことはできません。

（2）「安全の基地」の効果

愛着対象と一緒にいることで、子どもは心地良い安定や安全感を持つことができ、それは子どもにとっての「安全の基地」になります。子どもが親を安全の基地のように感じることができるようになると、好奇心を外の世界に向けて探索することで、子どもの外的世界が広がっていきます。危険のおそれがあるときには愛着対象にしがみつき、危険が遠のけばまた探索をするというように、避難所としての機能を果たします。大切なことは安全の基地がいつも確実にあると信じられることです。安全の基地を確かにするためには、安定して一貫性のある愛着関係が必要になります。

（3）離別に対する抵抗

愛着対象から無理やり引き離そうとすると、子どもは抵抗して激しくしがみつきますが、これは愛着が形成されている証拠であり、むしろ正常な反応ということができます。逆に親から離れても平気でいるとすれば、親子関係に深刻な問題がある可能性が出てきます。親との分離場面を観察することで、愛着の状態を評価する検査方法もあります。あからさまに親に依存している子どもではなくても、愛着対象との離別は大きなストレスになります。

接着力

すでに説明したように、愛着はボウルビーの愛着理論に起源を持ち、子どもが親または親代わりになる大人への接近を維持しようとする状態で、親子の間の「情緒的きずな（結びつき）」とか「愛情のきずな」などと説明されています。きずなは人と人との非常に強いつながりを意味するので、愛着の本質を言い表してはいますが、特定の対象という限定がない点では、より一般的な人間関係でも使うことができます。つまり、同時に複数の人ときずなを持つことはできますが、愛着は基本的に1対1の関係（単向性）であるのが特徴です。

「愛着」という用語は英語の attachment を日本語に訳したものですが、「愛着」という日本語は昔から一般名詞として存在していて、必ずしも専門用語として作られたものではありません。ですので、発達心理学などの論文では「アタッチメント」という表現を使うことで、学術用語として区別する傾向もあります。それにしても、「愛着」ということばはまさに「情緒的きずな」という意味を表すのにふさわしいものではありますが、「きずな」と言ってしまうと bond という英語になり、やはり attachment とは少しニュアンスが違ってきます。

attachment という英語も専門用語というよりは日常的に使われる一般名詞で、日本語でも機械の付属品などをアタッチメントと呼んでいます。ですので、カタカナで「アタッチメント」と書いても、発達心理学の用語として受け止めてくれるとはかぎらないという現実もあります。attachment は動詞の attach を名詞型にしたもので、付着する、くっつく、取り付けるというような意味があります。愛着の本質は愛着対象となる人物に接近して、しがみつき、離れないようにすることなので、その意味では attachment は「接着力」とでもいえるかもしれません。

もちろん愛着という表現が間違っているというほどの問題ではありませんが、ひとつだけ注意しなければならないのは、日本語としての「愛着」の場合は親が子どもに「愛着を持つ」という使い方も可能なので、きずな（bond）と混同される危険もあることです。愛着理論の愛着は基本的に子ども側の要素であり、親が子どもに対して抱く感情は「愛情」です。動物行動学から着想された愛着理論としては、情愛などの心理的な要素のない物理的な「接着力」とか「引力」ということばのニュアンスのほうがより attachment の本質に合っているかもしれません。

子育ての基盤

子育てにせよ、子育ちにせよ、いずれにしても親だけあるいは子どもだけで完結するものではなく、親と子どもがいてはじめて成立する作業であることは言うまでもありません。親の視点から見ても子どもの視点から見ても、子どもが成長して大人になっていくまでの道のりには、親あるいは親に代わる大人との関係があり、両者が出会って時間を共有する場が不可欠です。親は子育ての場があってこそ子どもの世話をすることができ、子どもを守り育てることができます。この子育ての場を作るのが愛着であり、子どもの愛着がなければどんなに親が子どもを愛していたとしても、親として子育てをすることができないといってもいいほど、子育てには愛着が重要です。つまり、愛着こそが子育ての基盤ということになります。

愛着の本質は子どもが特定の他者、一般的には親にくっつこうとする行動システムですが、これはあくまでも子ども側の行動であることがポイントになります。たしかに、親が子どもに対して愛着を形成することもできますが、親の愛着によって子育ての場を作ることはできません。なぜなら、親は世話をする立場であり、子どもが世話を求めてこそ世話をすることができるからです。親に対して愛着がない子どもの世話をすることは、不可能ではないにしても、とても効率の悪い、苦行のような作業になります。あくまでも子育ての場を作るのは子どもの親に対する愛着であり、親の愛情だけでできるものではありません。

愛着は子育ての場を作るとともに、階層的な序列を作ることで親の子育てを助ける役割を果たします。階層的な序列というのは、つまりは支配と依存という関係のことで、親に世話を求める子どもは、親に依存すると同時に親に支配されることになります。この状況では力関係は親が上で子どもが下という序列ができます。つまり、愛着でつながっている親子は対等な関係ではなく、力関係に偏りのある非対称的な関係になるのが特徴です。この状況では、子どもは親に従い世話を受け入れようとするので、親はスムーズに子育てをすることができます。

本章の初めに子育ての主役は子どもだということを確認しました。それは子育ての目標は子どもが育つことであり、育ちの主体は子どもであることから、子育ての主役は子どもであり、親は子どもの育ちを助けるもっとも重要な脇役だという論理でした。しかし、子育ての場を作り、親が効果的な子育てができるようにするのが子どもの愛着であるとすれば、子育てがうまくいくかどうかは子どもの愛着にかかっているということになります。子育てのカギを握る愛着は子どもの手の中にあることからも、子育ての主役は子どもであることが一層強調されることになります。

となれば、より良い子育てのためには、子どもが親に対して安定した愛着を形成していくような親子の関わりや環境を提供していくことが重要になります。

〔注1〕スペクター、T.（2014、野中香方子　訳）『双子の遺伝子――「エピジェネティクス」が2人の運命を分ける』ダイヤモンド社

〔注2〕遠藤利彦（2005）「アタッチメント理論の基本的枠組み」数井みゆき・遠藤利彦（編）『アタッチメント――生涯にわたる絆』ミネルヴァ書房、1-31頁

〔注3〕ホームズ、J.（1996、黒田実郎・黒田清一　訳）『ボウルビィとアタッチメント理論』岩崎学術出版社

第4章

思春期の愛着の危機

1　思春期の愛着

愛着の発達

人間の新生児は非常に未熟な状態で生まれるので、他の動物のように生まれて間もない時期から親に対して積極的な愛着行動を示すことはできませんが、生後6か月頃から本格的な愛着の発達が始まります。ちょうどハイハイをするようになって自力で移動できるようになった頃から赤ちゃんは自分から母親に接近することができるようになり、母親との相互交流によって愛着が発達し、3歳になる頃までに愛着パターンが確立して生涯を通じて持続するものになります。

このように愛着は生後2～3年の間に発達し、愛着の状態が子どもの心理的、社会的発達に大きな影響を及ぼすことから、愛着と言えば乳幼児期の課題と思われがちですが、直接的に親からの世話を必要とする間だけのものではありません。たしかに、3～4歳になって言語能力が増大し、ただ単に親にしがみつくだけでなく、せがんだり、すねたり、さまざまな駆け引きも使うようになると、典型的な愛着行動は見えにくくなり、愛着はあまり意識されないことも多くなるかもしれません。しかし、この年頃までに子どもは親、つまり愛着対象を心の中に内在化し、それが安全の基地として機能するようになっていくので、子どもの社会的成長に愛着は大きな影響を持ち続けます。

愛着は思春期になっても、さらには成人期になっても存在し、生涯にわたって持続するとされています。思春期の親子関係の距離の変化と同じように、親への愛着から仲間へのつながりが強まり、最終的に夫婦関係を中心とした成人の愛着に到達します。とはいえ、やはり愛着や愛着理論といえばどうしても乳幼児期をイメージしてしまいます。最近、親から虐待を受けた子どもに認められる情緒的な問題に「愛着障害」という診断が用いられることが多くなってきましたが、この診断は小学生までの子どもにはしっくりしても、中学生に使うには何となく違和感があり、実際の臨床場面でもあまり使われない傾向があります。

思春期になっても愛着はあるといわれても、愛着対象である親に対して反発や反抗が目立ってくる思春期に愛着はあまりにもそぐわない概念と感じるのも無理はありません。また、思春期の心理的課題だけにとどまらず、学校生活や受験などの現実的な問題への対応にも追われて、愛着はますます影を潜めることになりがちです。それでもやはり愛着は子育ての重要な要素であり続けていることには変わりありません。

思春期の愛着の形

親との接触が減り、会話さえ少なくなる思春期であっても、親への愛着は確実に存在し続けます。愛着の本質から見れば、親のいる家庭での生活は子どもの愛着の存在の何よりの証拠です。どんなに学校や友だち付き合いで外に出ることが増えたとしても、子どもが帰ってくることができる家は安全の基地として、子どもの安心感と安全の拠りどころであり続けています。そこで食事が与えられ、自分の居場所と感じることができていれば、それは紛れもない愛着のある生活です。そのように見れば、思春期になっても子どもの愛着は十分に存在していることは理解できると思います。

乳幼児期のように典型的な愛着行動が見られなくなる思春期の愛着を理解するには、第2章で取り上げた親子関係の質的変化を参考にして整理してみるとわかりやすいかもしれません。つまり、親子関係の質的変化と同じように、思春期の愛着も直接的なものから間接的なものに、身体的なものから心理的なものに変わるということです。

乳幼児期の愛着では、子どもが安心感と安全を確保するためには、親に近づき、身体的に接触することが必要ですが、成長とともに親と接触していなくても姿が見えたり声が聞こえたりしていれば安心できるようになり、その距離は次第に広がっていきます。直接的、身体的な愛着に代わって、子どもは愛着対象との関係を心の中に内在化することで、実際の愛着対象が存在しなくても愛着のもたらす安心感と安全を確保することができるようになります。安定した愛着の下では、それはあまりにも当たり前のものとして自覚することさえなくなり、さらに見えにくく、存在感のない形になります。

思春期の愛着の重要性

はっきり見えないから思春期の愛着が重要ではないということにはなりません。間接的で心理的な形に変わってきても、愛着の本質が変わるわけではありません。特定の人物に愛着を持つことで安心感が生まれ、対人関係や社会適応が安定します。たとえ親から遠く離れたところで長時間活動できるようになったとしても、愛着の必要性がなくなったわけではありません。子ども自身は意識していなくても、心の中には愛着対象は存在し続けていきます。

愛着には安全の基地の機能に加えて、指向性の拠りどころになる役割もあり、とくに自分が何者なのかというアイデンティティ（自我同一性とも呼ばれます）をめぐる悩みの深まる思春期には、自分の場所やどの方向に向かっているのかを知ることがとても重要になります。指向性（オリエンテーション）とは、自分の場所がわかり自分の環境に慣れようとする欲動で、基本的な人間の本能であり欲求です。ちょうどコンパスが自動的に北を指すように、愛着対象はコンパスの基準となる磁北極のように、方向感覚、つまり指向性を与える役割を果たします。闇夜や深い森の中に迷い込んで方向がわからなくなることほど不安なことはありません。間違った指向性を持てば、ますます迷路に迷い込むことになります。愛着によって確実な指向性を持つことが思春期にはとても大切なことになります。

しかし、自分でできることが増えて親と対立することも多くなる思春期は、それまで維持してきた愛着が危機にさらされる時期であることもまた事実です。まだ親への愛着の重要性の高い時期に、その愛着が壊れることは、思春期の発達に大きなリスクをもたらすことになります。「もうそろそろ親が手を引いてもいいんじゃないか」と親が愛着を軽視すれば、子どものリスクはさらに大きくなります。子どもの愛着が混乱すれば指向性が不安定になり、そこに友だちとのつながりが深まることで親への愛着が危機的になれば、子どもの安全はひどく脅かされることになります。それが思春期のさまざまな問題につながっていきます。

愛着の空白に潜むリスク

乳幼児期の愛着形成には親が子どもにしっかりと応答する必要があり、それは親の重要な役割ですが、愛着そのものはあくまでも子どもに形成されるものなので親が自由に操作することはできません。思春期になると子どもの対人関係の中で友だちの存在が大きくなり、愛着対象として親と競合するようになります。つまり、親にとってみれば愛着をめぐる強力なライバルが出現することになります。

思春期になって親と対立することが多くなると、子どもの親への愛着が弱まり、それまでの愛着関係に空白ができます。その一方で、友だちとの関係が強くなることで、友だちが親の代わりに愛着対象になってその空白を埋める可能性が出てきます。それまでの親への愛着が弱くなると指向性を見失うことになるので、子どもはその耐え難い不安から逃れるために必死になって代わりの愛着を確保しようとします。

ここで問題になるのが愛着の単向性という性質です。親との対立で生じた愛着の空白に友だちが入り込んでそこに愛着が形成されると、親への愛着は消滅します。愛着の単向性のために人間は同時に二つの愛着を持つことができません。子どもが友だちを取れば、親はそれまでの地位を失います。親への愛着を失った子どもはますます親から遠ざかり、親の言うことを聞かなくなり、とても扱いにくくなることで親子関係のストレスはさらに高まります。

2　子どもを蝕《むしば》む「仲間指向性」

思春期の愛着の危機は、友だち関係が最大の要因になります。思春期の友だち関係を愛着の視点から理解することは、思春期の問題の理解だけでなく、その対応を考えるためにもとても役立ちます。カナダの心理学者ゴードン・ニューフェルドは「仲間指向性」という現象を指摘して、思春期の愛着の危機の本質を見事に説明しています〔注1〕。仲間指向性は思春期のリスクのカギを握る現象なので、ここで少し詳しく説明します。

愛着の倒錯

仲間指向性とは親や信頼できる大人に代わって友だちを愛着の対象にしてしまう愛着の倒錯

です。
たしかに、思春期の発達で愛着対象が親から友だちに移行していくことは、本来の発達過程ではありますが、まだお互いに十分に成熟していない友だち関係が愛着関係に置き換えられることには大きな危険が潜んでいます。それはこれまでに説明したような愛着の役割を思い出していただければ理解しやすいかと思います。

まず、愛着の対象となる人はコンパスの基準として正しい方向を示してくれなければなりません。しかし、未熟な友だちはまだ不安定な存在で、いつも安定して一貫した基準として頼れるような存在ではありません。陸地の見えない大海原を漂流しているときに、流木を見つけてしがみついても、とりあえず力尽きて溺れることは免れたとしても、最終的に救助されることは保障されません。陸地や島のようなしっかりと定まったものにつながることで安全感はずっと高まります。仲間指向性はお互いをコンパスの基準として使うことで、指向性を失う悪夢のような不安を避けることはできても、道に迷っていること自体が変わるわけではありません。見かけだけの安心感で本当の危険に気付かないとすれば、そんな無謀なことはありません。

愛着のもうひとつの役割である階層的な序列は、仲間指向性では厄介なことになります。階層的な序列はか弱い子どもが力と責任感のある大人に頼ることで世話と保護を引き出すための構造ですが、仲間指向性によってまだ支配するだけの力と責任感のない友だち関係が愛着関係に置き換えられると、本来は対等な関係であるはずの友だち関係に支配する側と依存する側という階層的な序列が生まれます。ほとんど力の差がない関係性の中に生じた支配－被支配の関係はとても不安定で、些細なことで力の逆転が起こりやすい関係になります。

支配する側は少しでも弱みを見せればその地位を奪われるので、実際以上に自分を大きく見せて力を維持しなければならなくなります。力を保持するためには時には誰かをスケープゴートにして、そこに他の仲間たちの攻撃性を向けさせるかもしれません。仲間同士で秘密を共有して、他のグループや大人たちには決して秘密を明かさないことで忠誠を確かめたり、大人の指示や指導に従わないことで権威に挑戦し、時として反社会的な行動をあからさまに示したりすることもあります。

これらの仲間指向性の特性は、今日私たちが直面する学校や地域でのいじめや暴力と密接に関連しています。仲間指向性は非常に不安定な状況なので、時として仲間の命を奪うほどの凶悪で残忍な行動の引き金にすらなることもあります。

仲間指向性の誤解

まだ成熟していない子どもが親への愛着（つまり親指向性）を捨ててお互いに未熟な存在同士である友だちとの間で愛着を形成する仲間指向性は、非常に危険で不安定な状態をもたらしますが、親や大人からは仲間指向性の子どもたちは一見しっかりしているように見られやすく、仲間指向性が過小評価されるだけでなく、望ましいものと評価されるような誤解を招く恐れもあるので注意が必要です。

仲間指向性の子どもたちの最大の特徴は、もはや親を必要としないように振る舞うことです。どんなに親から離れていても、まったく見知らぬ世界に踏み込んだとしても、彼らは安全の基地としての親を求めようとはしません。それどころか、おどおどしたり親や大人に依存的な態度を示したりすることもなく、むしろドシッと構えてとてもしっかりした「青年」にさえ見えます。何かと手のかかる子どもの世話に毎日疲れ切っている親の目には、仲間指向性の子どもたちは「しっかりしている」「物怖じしない」と評され、「それに比べてうちの子は……」という嘆きを誘うこともあります。

しかし、事実はまったく違います。仲間指向性の子どもたちは一見傷つきにくい、打たれ強い印象を与えますが、本当は非常に傷つきやすく、常に周囲に対して警戒しています。思春期は自分自身に対する不確かさが高まる時期なので、他者からどう見られているのかがとても気になります。みんなと同じようにしていれば安心しますが、その一方で、自分らしさも追求したいので、友だちに追随しているだけでは物足りなくなります。「いいね」と評価されたい気持ちと同時に、「へんなの」と否定される不安が共存します。非難されたり排除されたりすることで傷つき、それが友だち関係や学校適応にも大きく影響するのが思春期です。

ではどうして仲間指向性の子どもたちはしっかりして傷つきにくそうに見えるのでしょうか。それには仲間指向性の不安定な階層的序列の構造が関係しています。仲間指向性の集団の中では、感情を出すことはからかわれたり攻撃されたりする可能性があります。弱みを見せれば攻撃されることさえあるので、仲間と一緒にいるときには彼らは感情をできるかぎり出さないことで防衛しているのです。さらには傷つきやすさも隠してしまいます。まったく感情を出さず、冷静な態度で「別に」「関係ないよ」とクールに振る舞うことは、ちょっとしたことで力関係が逆転する仲間集団の中では最大の自己防衛ということになります。

親を必要としなくなったことだけで自立と見誤ることにも注意しなければなりません。仲間指向性の本質は、親との対立によって愛着の空白が生じたところを友だちへの愛着でとりあえず穴埋めしているだけで、決して正しい方向を示すことで安心を与えるものではありません。仲間指向性を好ましいものと誤解して子どもを友だちに託して親が手を引けば、子どもの混乱はさらに激しくなることになります。

親子関係の悪循環

思春期の親子関係は、子どもの愛着が友だちに向くことでさらに混乱を増し、その結果子育てはますます難しくなり、親の子育てが行き詰まることで、仲間指向性がさらに強まるという悪循環に陥りやすくなります。愛着の特性がこの悪循環を助長して、親の子育てをさらに困難にする要因として作用します。

子どもは愛着によって親に愛情や世話を求めますが、もはや親への愛着を友だちに置き換えてしまった子どもはそれらを親に求めることはなくなります。それだけであれば、子どもは親から離れていくだけのことですが、愛着の単向性は、愛着を持たなくなった対象にはそれまでとは逆の態度を取らせることになります。愛情や世話を求めることの反対は、軽蔑と侮辱です。それが思春期の親子の感情的な対立をエスカレートさせることになります。親に反抗するだけでなく、こき下ろすような暴言を吐くのは仲間指向性の何よりの証拠です。

愛着が親子の間に階層的な序列を作り、それが親に子育ての場を与えるとともに、そこに親としての自然な権威が生まれることで、親は子どもの世話をしたりしつけたりすることができるようになります。しかし、愛着がなくなれば子育ての場も親の権威も失われます。愛着の手助けのない子育ては、機械も道具も使わずに大きな石を動かすようなたいへんな労力を要する作業になります。そうなると親に残された子どもを動かす手段は、大声をあげたり力づくで子どもを強制するか、反対に子どもに懇願したりご褒美で買収するしかなくなってしまいます。すでに仲間指向性になった子どもにそれがうまくいかないことは火を見るより明らかです。

子どもの親への反発が強まれば仲間指向性はさらに強化されていきます。仲間指向性には責任のある人物もガイドになる人物もいません。地域の伝統や習慣とのつながりもなくなり、社会的に成熟していく環境もありません。仲間指向性の最大の問題は、子どもが未熟なままにとどまることです。未熟な子どもにはどんなに説教しても罰を与えても、適応的な行動を身に着けさせることができません。成熟が妨げられれば子どもはいつまでたっても自立しません。仲間指向性は子育ての根本を揺るがす最大の敵ともいえます。

3　仲間指向性がもたらす災厄

思春期の問題行動

思春期の行動は時として親だけでなくさまざまな人を困らせることがあります。本人たちがどう思っているかは別として、少なくとも周囲の人たちには迷惑であるばかりでなく危害を及ぼすことさえある彼らの行動は重大な問題なので「問題行動」と呼ばれてきました。親の言うことを聞かないだけならまだしも、学校で問題を起こしたり、警察に補導されるような問題は、親としては何としても避けたいものです。思春期の子育てには、子どもが外で厄介な問題を引き起こさないかという心配が常に付きまといます。

以前と比べると最近の若者たちはおとなしくなったといわれ、昔のような「不良少年」は影を潜めてきているように見えます。実際に警察統計では少年事件や非行は減少傾向を示していますす。しかし、学校内での暴力事件の報告は増え続けているので、やはり攻撃性や暴力に関連する問題は、場所や形は変わっても思春期の問題としては重要であることに変わりはありません。最近では「リストカット」と呼ばれるような自分の身体を傷つける行動や薬物乱用のような自分自身に危害を及ぼす行動が目立つようになり、さらには自殺のリスクが高い年頃であることも忘れてはなりません。

このような問題行動にも仲間指向性の影響があります。少年による殺人のような重大事件に世間の注目が集まりますが、仲間指向性の影響は特別な事件だけにかぎったものではなく、私たちの身近なところにもあり、決して他人事ではありません。身近な仲間指向性の影響について、いじめと学力不振を例にとって説明します。

いじめ

いじめは今も昔も深刻な問題として存在していますし、日本だけでなく世界中で見られる問題です。１９９０年代以降、いじめが関連する生徒の自殺がたびたびメディアによって大きく報じられ、いじめは子どもを自殺に追い込む深刻な問題として社会的にも関心が持たれてきました。日本では「いじめ自殺」がいじめ問題への関心をリードしてきたので、いじめが本当はもっと裾野の広い問題であることが見落とされているかもしれませんが、いじめは少なくとも2～3割の児童生徒が経験している学校生活に「ありふれた」問題であることを忘れてはなりません〔注2〕。

いじめの背景や原因については、加害者側と被害者側、さらには両者の関係性、集団の特性などから検討されてきましたが、いじめを防止する有効な手立てを立てるところまでには至っていません。いじめは「当該児童生徒が、一定の人間関係のある者から、心理的、物理的な攻撃を受けたことにより、精神的な苦痛を感じているもの。」（文部科学省、２００６年）と定義されますが、加害‐被害の関係は不安定なもので、以前いじめられていた子が今はいじめっ子になるということもしばしばあります。そのため、「いじめっ子」「いじめられっ子」という分類はあくまでも一時的なもので、加害と被害のメカニズムはとても複雑で、簡単には説明することができないというのがいじめ問題の悩ましいところです。

いじめは大人への愛着を失った子ども集団の中で起きる仲間指向性による行動として理解することができます。愛着の基本的な役割は、子どもを世話することができるように、支配する大人と依存する子どもという階層を作ることです。それが仲間指向性になると、思いやりや責任感のない仲間が支配し、助けを求める者は支配者に弱みを見せることでからかわれたり攻撃されることになって、そこにいじめが起きることになります。いじめる側は攻撃することで自分の傷つきやすさ（弱さ）から逃避し、不安や恐怖心のような感情を見せればすぐに立場は逆転して攻撃される立場に追いやられるので、平然とした態度でいじめ続け、さらにエスカレートしていく傾向があります。

学校でいじめが日常的に起こるのは、学校生活の基本となる学級という同じ年齢の子どもの集団には、大人の存在が薄く、仲間指向性になりやすいことが大きな原因です。大人とのつながりのない子どもだけの集団には不安定な支配‐被支配の関係ができて、そこに容赦ない暴力さえ発生する可能性があります。英国の少年聖歌隊が熱帯の島に置き去りにされたウィリアム・ゴールディングの小説『蝿の王』で繰り広げられた残忍な攻撃性は、まさに子どもだけの集団の仲間指向性の本質を見事に表しています〔注3〕。

学校という教育の場であっても、大人とのつながりが失われた40人もの集団での生活は、大人のいない無人島のような環境で、そこには仲間指向性のリスクが潜んでいます。小説はフィクションですが、仲間指向性はそれを現実のことにする力を持っています。実際、残忍ないじめに苦しんでいる子どもたちは、まるで小説のような世界を経験しているにちがいありません。

学力不振

より一般的な問題である学力不振も仲間指向性が強く関連しています。小学生の頃は成績の良かった子が、中学生になってさっぱり勉強しなくなって成績が下がるということがよくあります。この現象はハードな受験勉強の末に第一志望の私立中学校に入学した子どもにもときどき見られます。

思春期になって勉強がおろそかになって成績が下がる要因はいくらも思い当たることと思います。部活や生徒会活動などに打ち込んでいるのならまだ建設的ですが、家でだらだらと過ごしてスマホをいじっている姿は親のため息を誘います。一世代前とは違う思春期の環境に親は戸惑い、すべては新しいテクノロジーのせいだと決めつけがちですが、それは50年前のテレビが子どもをダメにする議論と変わりません。

実はここにも仲間指向性の問題が潜んでいます。子どもの学習にも愛着は大きな役割を果たしています。幼児期の安全の基地の役割を思い出して下さい。親への安定的な愛着は安全の基地になって、そこを拠点に子どもは外の世界を探索し、知識や経験を広げていくことができます。愛着があることで子どもは好奇心を持つようになり、それが学習の原動力になります。それは思春期でも変わりません。仲間指向性になると安全の基地が失われ、子どもは不安定な仲間への愛着にしがみついて好奇心を持つ余裕はなくなります。

新しい発見に感動したり何かに熱中したりすることは、傷つきやすさから逃避して感情を出さない仲間指向性の集団では攻撃の対象になります。ばかにされたりひやかされたり、いじめの標的になりかねません。仲間指向性は純粋な学びの喜びも奪い去り、仲間文化の中ではむしろ「バカでいること」のほうが安全になり、成績への関心もなくなります。

愛着が歪めば、子どもの学びも損なわれることになるのです。それは教師の教え方やカリキュラムの工夫だけで対処できるものではありません。愛着はもっとも強力な学習のプロセスなので、子どもは愛着の対象の方を向き、そこからすべてを学ぼうとするようになります。仲間指向性の子どもはもはや教師から学ぼうとはせず、仲間から学ぶようになってしまいます。彼らが学ぶのは学校で教えられる教科ではなく、みんなが聴く音楽であり、ゴシップであり、みんなと同じように振る舞うことになります。

親への愛着が友だちへの愛着に置き換わってしまった仲間指向性の子どもは、もはや親や大人の方を向かなくなるばかりか、指導や指示にも従わない「教えにくい生徒」になります。親の子育てと同じように、愛着の助けなしで子どもたちを教えることはストレスの高い重労働になり、実際に現場の教員の多くはストレスに押しつぶされています。仲間指向性の子どもたちからの愛着を取り戻さなければ、子どもたちを教えることはできず、その結果として子どもたちが未熟なままにとどまれば、社会的に成長することもできなくなります。

現在の教育事情では、学力は受験に直結する問題として関心が持たれますが、学力不振は単に進学に不利になることだけではなく、学習の基盤を揺るがすことで人として成長することを阻害する危険もはらんでいます。教育においても愛着はとても重要な役割を持っていることを忘れてはなりませんが、それは教員だけの課題ではなく、親や地域の大人たちが共有すべき責任でもあります。

〔注1〕ニューフェルド、G.・マテ、G.（2014、小野善郎・関久美子 訳）『思春期の親子関係を取り戻す――子どもの心を引き寄せる「愛着脳」』福村出版
〔注2〕森田洋司（監修）（2001）『いじめの国際比較研究――日本・イギリス・オランダ・ノルウェーの調査分析』金子書房
〔注3〕ゴールディング、W.（1975、平井正穂 訳）『蝿の王』新潮社

第5章

子どもを手放すな

1　仲間指向性を後押しする現代社会

思春期の子どもの扱いにくさは今に始まったことではなく、いつの時代もそうだったにちがいありませんが、現在は教育期間が長くなったこともあって、なかなか大人になれずに終わりのない思春期を彷徨う若者たちが増え、親の心配や不安はますます大きくなってきています。前章で説明したように、思春期の問題行動の多くは仲間指向性が関与していて、親の子育てや大人の指導を妨げています。その一方で、私たちが生きている現代社会にはこれまで以上に子どもを仲間指向性に向かわせる構造があって、私たちは無意識のうちに子どもを友だちの手に渡してしまいやすくなっています。仲間指向性を防止するために現代の子育て環境を今一度チェックしておく必要があります。

仲間の中で育つ子どもたち

保育所の待機児童問題が象徴するように、少子化で子どもの人数は少なくなってきても、保育の需要はますます高まってきています。それは言うまでもなく、子育てをしながら働く女性が増える一方で、祖父母などの親族に子育てを助けてもらうことが難しい社会状況を反映した現象です。つまり、祖父母に頼る育児から、保育サービスへの移行が急速に進んでいるのです。

保育サービスの普及は、子どもが集団に入る時期を早めるとともに、一日の生活のうちで集団の中で過ごす時間を長くします。保育時間が長くなれば、家族と過ごす時間は少なくなります。小学校は入学当初は授業時間が少なく、早い時間に帰宅して家族の元に戻るようになっていますが、実際には学童保育や塾などで夕方まで子どもたちの中で過ごすことがますます一般的になってきています。そして、思春期になると休日も家族と過ごすことが減り、仲間関係の中で過ごす時間はさらに増えていきます。

つまり、現代の子どもたちは従来よりも早い段階で子ども集団の中に入り、日中の大半の時間をその中で過ごすようになってきているのです。親や大人と接する時間が減り、仲間の中で過ごす時間が増えることは、子どもの愛着を大人から仲間に移すリスクを高めます。とくに、学校は親や地域の大人たちと分離された場所で、同じ年齢の子どもの集団（つまり学級）で過ごす構造になっているので、仲間指向性の温床になる可能性があります。ほとんどの子どもが高校に進学し、思春期を学校生活の中で経験するようになった現代社会は、これまで以上に仲間指向性のリスクの高い時代といえます。

ただし、保育や学校教育が否定されるわけではありません。仲間指向性が発展することを防ぐ方法はちゃんとあります。しかし、現代の子育ては、子どもの愛着に無関心でいると、知らず知らずのうちに仲間指向性を促す危険があることをしっかりと認識しておかなければなりません。

友だち付き合いの推進

現代の子育てでは友だちは非常に重要なテーマになっています。少子化時代の家族にはきょうだいが少ないので、子どもの遊び相手も外に求めることになります。ベビーカーで外出するようになれば、近所の公園やスーパーなどで同じくらいの歳の子どもを連れた母親同士の交流の中で子どもの友だち関係も始まります。「公園デビュー」「ママ友」「子育てサークル」など、家庭の外での交流は現代の母親の大きな関心を集めてきました。ここには子どもに友だちを作ろうとする意図もあるでしょうが、基本的には母親同士のコミュニケーションが主な目的なので、この段階で子どもの友だち付き合いが始まるわけではありません。

しかし、保育所や幼稚園に入れば、子どもの友だち関係は親にとってリアルな関心事になります。他の子たちと楽しそうに遊んでいる姿に親は安心しますが、その反対に集団に入れなかったり、一人だけ孤立する姿を見るのはとても心が痛んで心配になります。集団への適応のカギは友だち関係だと思って、友だち作りに励む親もいます。小学校に入っても友だちができないと不登校にならないかと心配し、進級して新しいクラスになるたびに同じ心配が繰り返されます。親としては勉強も気になりますが、友だち関係も関心の高い問題であり続けます。

思春期になると、いつまでも親にベタベタしていてはダメと、親からの自立も意識してさらに友だちとの活動に関心が高まります。友だちと遠くまで出かけたり、友だちの家に泊まることも、心配しながらも容認することで友だち関係はさらに発展して深まっていきます。この年頃になると、過保護な親になる不安から子どもの行動にどこまで干渉するべきかを悩むようになります。他所《よそ》の子がしていることを自分の子にはさせないのは信念のいる作業ですが、自分の子どもだけ許さないと仲間外れにされないかという心配が親の信念を揺るがせます。「他の子はみんな……」というあやふやな「標準」に惑わされながらも、子どもを友だちの方に向かわさせざるをえないと思うものです。友だちがないのはまるで「異常」であるかのような不安に駆られて、仲間指向性に向けて子どもの背中を押してしまいがちです。

新しい技術

仲間関係の中で成長する環境に加えて、現在では携帯電話やインターネットなどの新しい通信・コミュニケーションの技術が一人ひとりの子どもにまで普及し、直接友だちと会わなくても24時間つながり続けることができるようになり、仲間指向性の強力な推進力になっています。子どもにとっては、いつでもどこでも友だちと連絡をとれるだけでなく、ＬＩＮＥやツイッターなどのソーシャル・ネットワーキング・サービス（ＳＮＳ）によって仲間グループとのつながりを維持することもできます。スマホを片時も離さず画面に見入っている姿は、まさに仲間指向性の象徴です。

子どもたちが手に入れた新しい技術は、子どもたちの会話に親が入り込む余地を完全に排除してしまいました。親は子どもがどんな友だちと何を話しているのか、どんなことに興味を持って、何をしようと思っているのかを知ることができなくなってしまいました。もちろん、子どもはSNSでのやりとりを親に報告することはありません。仲間とのつながりが家庭の中にまで持ち込まれる一方で、親との関係が疎遠になる状況が作り上げられ、結果的に仲間指向性がさらに強化されることになります。

しかし、子どもたちにとっても良いことばかりではありません。今の子どもたちは、仲間指向性を後押しするリアルな環境で育つことに加えて、新しい技術によって四六時中仲間関係に拘束される生活を強いられることになってしまいました。その結果、子どもたちの愛着はますます親から離れ、仲間に向けられ、そこから逃れられない泥沼に陥っています。それは子どもたちにとっても楽しいことばかりでなく、苦痛になることもあります。

そうはいっても、大人たちも含めて、今や携帯電話やインターネットのない生活はありえないという現実の中で、それらがなかった時代に後戻りすることはできません。子どもたちがこれから生きていく社会ではこれらの技術は不可欠になります。

適切な使い方の問題ではありません。問題なのは仲間指向性です。新しい技術を否定したり遠ざけたりすることよりも、大切なことは子どもたちの正しい愛着を守ることです。目新しいものをやみくもに有害と決めつけて排除するのではなく、本当の敵をしっかりと見定めて戦略を考えなければなりません。

２　子どもに友だちは必要か

友だち関係は必要

現代社会には仲間指向性の脅威が蔓延《まんえん》しているといっても、そのことだけで友だち関係が否定されるわけではありません。それどころか、「子どもに友だちは必要か」という質問に対する答えは「必要」であることは明らかです。それは子どもの楽しみや喜びということだけでなく、まして や子どもの遊び相手になってもらって親の負担を軽くするために必要なのではなく、子ども自身の成長と自立のために不可欠な経験として必要とされるものです。

子どもが成長して発達していくためには、まずは親子関係がなくてはなりませんが、子ども同士の友だち関係も非常に重要です。友だち関係は発達段階ごとの社会性の課題を達成するためには欠かせないもので、その意味で子どもは一人だけで成長するのは難しいといえます。とくに、家族の中だけの存在から社会の一員になっていくプロセスには、友だち関係は非常に重要であることは間違いありません。

ただし、友だち関係と学校での集団活動とは必ずしも同じものではないことに注意する必要があります。つまり、「学校のお友だち」というと、同じクラスの仲の良い、いつも一緒に遊ぶ友だちのことだけでなく、ただ単に同じクラスの同級生という意味も含まれます。学校は基本的には集団活動なので、学校教育を受けることは一定の友だち関係を持つことにはなりますが、その関係性の質はさまざまです。

「本当の」友だち関係は、同じ行動や活動、興味や関心などをとおしてお互いに結び付く関係で、その他大勢の子ども集団から区別されます。小学生の頃はゲームや遊びが中心で、興味が変われば相手も変わる流動性がありますが、思春期になると特定の友だちとの結びつきが強くなって親友の関係が生まれ、より親密な関係から表面的な関係までのさまざまなレベルの友だち関係の中で生活するようになり、大人の社会に少しずつ近づいていきます。ひとくちに友だちと言っても質的な違いがあるので、友だちが「いる」か「いない」かという単純なものでもありません。発達とともに複雑になっていく対人関係を段階的に経験していくことは、社会の中で生きていくために必要なことであることは確かです。

もうひとつの友だち関係、すなわち同じ集団に属しているという意味での友だち関係は、子どもを指導したり教育するために必要とされます。学校での教育は子ども同士の相互作用も必要とするので、あまりにも少人数の学校では指導に困難が生じることがあります。先生が一方的に教えるだけでなく、他の子と話し合ったり、協力し合ったり、さらには競争意識を持ってがんばったりすることが教育には求められ、そのためには一定規模の集団が必要になります。教育の観点からも子どもには友だちが必要といえます。

ただし、学校の友だち関係は必ずしも「本当の」友だち関係ではなく、ただ単に同じ学級に所属しているとか、たまたま席がとなり同士というだけの関係もあり、それ以上のつながりがないこともあります。つまり、「あてがわれた」友だち関係です。この関係は子どもの自発的で主体的なものではありませんが、特定の目的（学習など）のためには意味があります。サッカーや野球などのスポーツ、音楽やダンスなどの芸術活動にも一定の集団の中での関係が重要な役割を果たしますので、組織やプログラムの中での友だち関係も子どもにとって必要なものということができます。

友だち関係の条件

子どもには友だち関係が必要であることは間違いないとしても、無条件に友だち関係を容認してもいいわけではありません。子どもにとって友だち関係が有益であるためには条件があります。子どもに災厄をもたらす仲間指向性の発展を防ぐためには、愛着の視点から友だち関係の土台をしっかりと固めておくことが大切です。

仲間指向性が暴走するもっとも大きな要因は、大人とのつながりを排除して、大人の指導にまったく従わなくなることです。愛着の単向性という特性のために、愛着が友だちに向かえば親への愛着は失われ、この状態での友だち関係はとても不安定で危険なものになる可能性が高まります。愛着の非情な性質は、子どもが親にも友だちにも等しく愛着を持つことを許してくれません。

しかし、子どもにとって友だちは必要であり、本来友だちを作ることは親を取るか友だちを取るかという苦しい二者択一の判断ではありません。たしかに、子どもから大人になっていく過程で、愛着は親から仲間へ、そして異性のパートナーへと移行していき、その結果親からの自立を達成するので、いつまでも親への愛着を大切に守り続けることだけが正解ではありません。ただ、子どもがある日突然に親から自立して大人になるのではないのと同じように、この愛着の移行も一夜にして完結するものではありません。それは子どもから大人への移行期である思春期において、徐々に移行していくものです。

思春期の愛着の移行では、愛着を親から友だちに置き換えるのではなく、親への愛着を残したまま友だち関係を経験していくことがポイントになります。あくまでも親という安定して一貫性のあるコンパスの基準を持ちながら友だち関係を経験しているかぎりは、子どもは道に迷うリスクを免れ、わくわくするような友だち関係を楽しむことができます。親への愛着が提供してくれる安全の基地を残して、友だちとの世界を探索することが、子どもの発達を促進するためには必要です。

親への愛着を残した友だち関係とは、要するに親が排除されていない友だち関係ということです。もちろん、思春期の子どもの友だち関係に親がいちいち顔を出すことは変に思われるでしょうし、それこそ過保護な親の典型と思われても仕方ありません。ここでもう一度思春期の親子関係の質的な変化を思い出していただければ理解しやすくなると思います。つまり、子どもの友だち関係に親が直接介入することが求められるのではなく、間接的あるいは心理的にかかわりを維持することが求められるのです。具体的には、親は子どもが付き合っている友だちと一定の面識があり、相手の親とも最低限の交流ができるような関係性が求められます。

友だち関係の中に強引に割り込んだり、相手の家に押し掛けたりするような親は嫌がられるのは当然ですが、だからといって無関心でいるのも親としては不適切です。間接的でゆるやかなつながりが思春期には大切です。思春期になっても、子どもたちだけの世界は危険だらけで大人とのつながりは絶対になくてはなりません。このような条件があってはじめて子どもの成長に有益な友だち関係が実現します。無条件に「子どもには友だちが必要」と思い込むことは危険です。

3　子どもを引き寄せる

親であり続ける努力

子育てには子どもの親への愛着が不可欠ですが、直接的な世話を必要とする乳幼児期と比べて、ひととおりの身辺が自立する児童期から思春期になると、子どもの愛着は曖昧で見えにくいものになって、毎日の子育ての中でともすれば見失いがちになります。親子であることは当たり前のこととしていちいち意識されることなく、親は親であることを疑うこともなく、子どもは子どもとしての特権を享受し、家族に重大な問題が起こらないかぎり、この関係性が大きく揺らぐことはありません。

しかし、子どもの親への愛着はいつまでも安泰なわけではありません。子どもの自然な成長と発達の流れの中で、親への愛着は次第に友だちの方に向いていきます。ましてや、現代の子どもたちは子どもだけの集団の中で一日の大半の時間を過ごし、友だちの動向を常に気にしながら生きているので、どうしても親への関心は薄れがちです。うっかりしていると、親は子どもの意識の中でその存在がどんどん小さくなってしまうかもしれません。必然的に子どもの親への愛着が弱まり、その隙間に友だちが入り込んで愛着が置き換われば、もはや親は親としての存在も奪われることになります。

思春期になっても子どもには親が絶対に必要であることに変わりはありませんが、親であることだけで子どもに親として受け入れられるとはかぎりません。親であり続けるということは、子どもの愛着の対象であり続けることで、思春期には親はしっかりと愛着を意識して子どもとの関係を作り、それを維持する努力をしなければなりません。子どもとの距離が開く思春期には、親であり続ける努力をしなければ、その距離はかぎりなく開いて親は親としての立場を失ってしまいかねません。

子どもを引き寄せる方法

仲間指向性を後押しする現代の子育て環境では、乳幼児期の親子のきずながいつまでも続くものではなく、子どもの親への愛着を維持するためには子どもを引き寄せる努力をし続けなければなりません。それは親鳥がヒナを翼の下に招き入れるように、子どもたちが親と一緒にいたいと思わせるようにする作業で、もともとは親に本能的に備わっているものですが、もはや親から離れようとしている思春期の子どもには、この本能は自動的に誘発されることはありません。やはり親が意識して子どもを引き寄せるようにする必要があります。

子どもを引き寄せるためにまずしなければならないことは、子どもと向き合うことです。子どもが年長になると、親は子どもに注意したり何かをさせようとしたりするときだけかかわるようになる傾向があり、とくに目的や意図もなく、ただ一緒にいる時間を楽しむことは本当に少なくなります。子どもから話しかけてくることもなくなれば、親が子どもと向き合うことはさらに少なくなります。子どもに何かを期待する前に、子どもと当たり前に接するようにしなければなりません。

もっとも基本的な子どもを引き寄せる方法は、朝起きたときのあいさつです。親が起きてきた子どもに「おはよう」と声をかけることは、親からの愛情のサインであるとともに、子どもを受け入れる意思表示にもなり、子ども側の愛着本能を誘発します。子どもは学校に行っている間に友だちとのつながりを深めるので、家に帰ってきたときにもあいさつをして一言でも二言でもことばのやりとりをすることで親とのつながりを回復することも大切です。子どもから返ってくることばが少なかったとしても、何かあったときだけでなく日常的に子どもに声をかけて向き合うことが、子どもを引き寄せる基本になります。

間違ってはいけないのは、子どもを引き寄せることは子どもが欲しがるものを与えたり、要求を聞き入れたりして、子どもに親の方を向かせることではないということです。子どもが親に何かを求めるときは子どもに主導権があって、親はそれに巻き込まれることになります。それに対して、子どもを引き寄せるのは親の自発的な行動で、それに子どもが応じる相互作用です。子どもの要求行動と混同しないためには、子どもが何も要求していないときに親から子どもにかかわれれば効果的です。こうすることで、子どもが無条件に親から受け入れられていると感じることができれば、親への愛着を維持することができます。

親への依存を誘うことも子どもを引き寄せるためには重要です。まだ未熟な子どもは困ったときや不安なときには頼りになりそうな大人に依存します。親は子どもがいちばん頼りにして依存できる身近な大人であることはわかっていても、親のほうから子どもの依存を誘うのは自立を妨げることにならないかと、親はジレンマに苦しみます。しかし、自立にこだわって子どもの依存を抑え込めば、子どもの依存欲求は友だちに向いて仲間指向性を助長することになります。子どもをしっかりと引き寄せるためには、子どもが親に依存できる安心感を与えることがとても重要になります。

子どもを手放してはならない

思春期の子どもの生意気な自己主張や根拠のない自信には辟易《へきえき》したとしても、冷静になって考えてみれば、どんなに偉そうなことを言っても、どんなに親をばかにするようなことを言ったとしても、子どもが自力で生活することができないかぎり誰かに頼る必要があることは明らかです。まだ親に依存しているのは変わらないのですが、彼らは親を必要としないかのように思い込んでしまうことがあります。さらに、仲間指向性になれば依存する相手が友だちになって、親には頼らなくなり、拒否的になったり軽蔑したりさえするようになります。

親子の感情的な対立の勢いで子どもを友だちに渡してしまえば、仲間指向性が強まることで子どもはさらに迷路の奥深くに迷い込み、大きなリスクを背負うことになります。それは思春期だけでなく生涯にわたるリスクになります。だからこそ、親は子どもを手放してはいけないし、それどころか積極的に子どもを引き寄せる努力をし続けなければなりません。

仲間指向性に警鐘を鳴らしたニューフェルドの著書のタイトルは私たちへの重要なメッセージを送っています。“Hold on to your kids”――「子どもを手放すな」――子どもの愛着の対象としての地位を簡単に手放すことがあってはならないと戒めています〔注１〕。子育てでどんな困難に直面しても、子どもの愛着対象となる親であり続けるように努力しなければなりません。どんなことがあっても親は子どもを手放すことがあってはなりません。

〔注1〕ニューフェルド、G．・マテ、G．（2014、小野善郎・関久美子 訳）『思春期の親子関係を取り戻す――子どもの心を引き寄せる「愛着脳」』福村出版

第6章

愛着にもとづく子育て

1　愛着だけが子育ての「場」を作る

子育てには欠かせない愛着

愛着はもともと生まれたばかりのか弱い赤ちゃんが生存するために、世話を提供してくれる大人に接近する行動システムなので、愛着を持つことは子どもにとって重要なことと思われるかもしれませんが、じつは子どもを育てる親、さらには子どもを教える教員、指導するコーチなど、子どもにかかわるすべての大人にも重要な意味を持っています。愛着がなければ、どんなに愛情深い親も、どんなに優秀な教員も、子どもを育てたり教えたりすることに途方もない苦労を強いられることになります。愛着はそれほどまでに子育てには欠かせない要素です。

第3章で説明したように、愛着は階層的な序列を作る役割を持っています。世話を求める子どもは愛着の対象となる親に依存すると同時に支配される関係ができることで、親からの世話を受け入れることができるようになります。子どもに世話を求められた大人は、それに応じる能力と責任感を持っていなければなりません。もし、親にその能力や責任感がなければ、子どもの欲求が適切に満たされず、子どもの生命は大きな危機に直面することになります。そのもっとも悲しい例が児童虐待です。

児童虐待は「悪魔のような親のなせる業」というだけの単純な現象ではなく、親と子ども、そして親子関係とその家族を取り巻く状況とが複雑に絡み合った結果なので、必ずしも親だけを非難して済むような問題ではありません。虐待を受けて保護された子どもたちの多くは、それでもなお親を求める想い、つまり親への愛着が消滅することはありません。子どもの愛着はあっても、それに親がうまく応じることができない結果が児童虐待といえます。愛着の対象となる大人の能力と責任感は子育ての命運を握る重要な要素なのです。

階層的な序列の重要性を示すもうひとつの例として、親子の力関係の逆転の悲劇をあげておきます。不登校になって家から出られない状態になった子どもが、些細なことで母親に当たり散らし、さらには無理な要求を出して困らせては暴言を吐いたり暴れたり、そしてついには母親に暴力までふるう暴君になってしまうことがあります。この状況でも母親は子どもの愛着対象であり、母親は子どもの世話をし続けてはいますが、親子関係においては子どもが母親を支配してしまっているので、本来の支配－被支配の階層的な序列が逆転してしまっています。親が子どもを支配する力を失うと、愛着は破壊的なほどに暴走する危険があるのです。

このように愛着は子育てのもっとも重要な要素ですが、ただ単に子どもが親に対して愛着を持っているだけではうまくいきません。子どもの愛着をしっかりと受け止めて、子どもが求める養育を提供する能力と責任感のある大人の存在があってはじめて愛着が子育てを助ける力を発揮できるようになるのです。良い親であるためには、子どもの愛着を受け止める強い意志と責任感が求められることになります。

子育ての「場」

世話を求める依存的な存在（つまり子ども）がいて、世話を提供しようとする意志と責任感のある大人（つまり親）がいれば、子育てがうまくいくとはかぎりません。子育ては求める側と応える側の単純なマッチングではなく、お互いの相性のような要素が大きく影響する繊細な行為です。子どもの世話は一定の知識と技術があればできるかもしれませんが、それは工場で機械を組み立てるような作業とは違います。ましてや、日ごとに世話をする人が替わる養育は子どもの発育に深刻な影響を及ぼすことが知られています。

子どもの依存と大人がそれに応えようとする意志と責任感とをつなぐのが愛着です。愛着が特定の大人に世話を求めるように子どもを動かすことで、大人は世話を提供することができるようになります。つまり、愛着によって子育ての「場」が作られ、そこで子どもは大人からの世話を受けて欲求が満たされ、成長していくことができるようになります。この子育ての「場」がなければ親は親としての役割を果たすことができず、子どもへの責任感は空回りして、親のストレスはどんどん高くなってしまいます。どんな知識や技術よりも、まずは子育ての「場」を作ることが子育ての基本といえます。

この子育ての「場」を作ることができるのは愛着だけです。愛着が特定の大人との間に支配－被支配の階層的な序列を作り、子どもが世話を求めて大人が世話を提供する「場」ができます。愛着以外で子育ての「場」を作るとすれば、力による支配かご褒美で買収するしかありません。どちらの方法も一定の効果を発揮する可能性はありますが、威圧や報酬がなくなればその効果はすぐになくなり、持続性と一貫性がありません。何よりも子どもとの関係には常に駆け引きが存在し、多大な労力が必要になります。大人が気を抜けば「場」は簡単に崩壊するはかなさも残ります。

それに対して愛着は自然な本能なので、効率良く子育ての「場」を作ることができます。子育ての「場」がなければ子育ては難行苦行になりますが、逆に子育ての「場」さえあればあとは何とかなります。もちろん子育てが楽になるわけではありませんが、親の努力が報われて「やりがい」を感じることはできます。やりがいはモチベーションになり、長丁場の子育てをやり遂げる原動力になります。

子育ての優先順位

子育ての主役は子どもであり、子育ての基本は子どもの「子育ち」のサポートです。それは衣食住のような基本的な欲求を満たす世話が中心になりますが、物質的な欲求に加えて、子どもの安全と安心感を保障する情緒的な欲求も含まれます。しかし、子育てはそれだけで終わるものではなく、子どもが社会の一員として生きていけるように基本的なルールやマナーを教えていくことも求められます。これは通常「しつけ」と呼ばれるもので、親の重要な役割として認識されていますが、多くの親にとってはとても骨の折れる作業で、子育ての悩みはしつけに関するものが大半を占めます。

子どもはたいてい親からのしつけを素直に受け入れないので、しつけは親の独り相撲のようになることもあります。また、しつけは子どもの欲求に応えているわけではないので、この部分に関しては「子育ち」のサポートではなく、まさに親の主体的な「子育て」ということができます。そうなると、しつけは親の努力と工夫次第ということになり、結果に対しても責任を持たなければならなくなります。うまくいっているときは気になりませんが、思うようにしつけられないときには親は落ち込み、自信を失い、悩み苦しみます。しつけという親の役割をうまく果たすことは、子育ての最大のテーマといってもいいかもしれません。

すでに説明してきたように、しつけも含めて子育ての基本は愛着で、まずは親がしっかりと子どもを引き寄せて子どもの愛着を促し、愛着によって子育ての「場」ができればあとは何とかなるというのが効果的な子育ての基本原理です。しかし、子育ては日々の作業ではあってもその日のうちに完結するものではなく、成果が見えるのは何年も先になる気の長い仕事でもあります。なかなか結果が出ずに悩むことも多いかと思いますが、子どもの成長は時間がかかるものなので、親の気持ちばかりが先走っても結果がついてくるとはかぎりません。

このように、子育ての「場」をしっかりと作ったとしても、子育てには長期的な視点が必要で、目標はしっかりと見据えながらも、段階を追って作業を進めていかなければなりません。その際に重要なことが子育ての優先順位です。良い結果を出すためには、順序をきちんと守ることが大切で、順序を間違えると期待した結果が出ないばかりか、さらに困った問題が生じてたいへんなことになることさえあります。子育ての優先順位は、第一に愛着、第二に成熟、そして第三が社会化となります〔注１〕。

まず愛着については、子育ての基本であり前提条件であることはすでに繰り返し説明してきたので、あらためて言うまでもないことかと思います。当然ながら、子育ての優先順位のトップは愛着関係をしっかりと形成することになります。愛着によって関係を作ることが子育ての第一段階です。

二番目の成熟とは、子どもが成熟していくことができる「場」を守ることを意味します。それはつまり親子関係にほかなりません。身体的にも心理的にも社会的にも、人間の成熟には時間がかかります。それは親の努力だけで早めることはできません。必要な世話やかかわりを続けながらその時間を見守ることが必要になります。しつけに関しては、十分に成熟するまでは子どもは求められたように行動することができず、何度言われても同じ失敗を繰り返すものです。自分の行動をコントロールできるようになるためには脳機能が成熟しなければなりません。たとえば、自己制御に関連する前頭前野と呼ばれる脳の部位の成熟は成人期早期まで続くとされています。成熟を待たずにいくら厳しくしつけても結果はなかなか出るものではありません。

そして最後が社会化です。社会化とは社会的に適合した行動を身に着けさせることで、つまりはしつけの成果のことを指します。相手の気持ちも考えて、自分の行動をある程度コントロールできるようになれば、それまで親が口を酸っぱくして言い聞かせてきたことが自発的にできるようになります。

大切なことは、最初の二つの優先事項をきちんと処理する前に、三番目に手を付けてはいけないことです。いきなり社会化を目指しても効果がないばかりか、強引なしつけが愛着を損なえばすべてを台無しにする危険さえあります。

2　愛着を損なわないしつけ

つながり続けること

ともすればしつけは子どもの愛着を損なう可能性があり、その結果として子育てがますます難しくなったり、無意識のうちに子どもを仲間指向性に仕向けることになったりします。子どもを正しい方向に導こうとする親の努力が、かえって子どもを扱いにくくしてしまう悪循環に多くの親は悩んでいます。

何かにつけて親と対立するようになる思春期には、子どもは親の言うことに耳を貸さないばかりか、親の言うことを否定したり拒絶したり、さらには暴言を吐いて親を侮辱することさえあります。いくら心の広い親でも、執拗な子どもの挑発に乗って感情的になれば、売り言葉に買い言葉で「お前なんかうちの子どもじゃない」「文句があるなら出ていけばいい」など、子どもを否定し、遠ざけるようなことばや態度を出してしまうこともあります。親の気持ちは察するに余りありますが、愛着の観点からは子どもの親への愛着を拒否する行為になります。

反抗的な態度を示していても、親との関係は依然として重要です。親が手を引くということは、子どもにとっていちばん大切な拠りどころを失い、まるで糸の切れた凧のように彷徨い続けることになりかねません。一時的に対立したとしても、帰るべき場所をなくすことがあってはなりません。子どもの行動を変えようとして結果を急ぐあまりに、愛着を損なってしまえば子育ての「場」は失われ、子どもが成熟する機会も失われます。子どもが親に見捨てられたと思い込ませることは何としても避けなければなりません。

どんなにきつく叱り、どんなに激しく言い争ったとしても、最後には親は子どもを引き寄せる作業で終わることで、つながりを再確認することが重要です。そっと肩に手を置いたり、「おやすみ」と言うだけでも、つながり続けようとする親の気持ちは伝えることはできます。子どもの見捨てられ不安を翌日まで持ち越させない配慮が大切です。

ピンチはチャンス

思春期になったからといって毎日親子が対立しているわけではなく、子どもがいつも問題を起こしているわけでもありません。とても穏やかに会話ができる日もあるでしょうし、何日も口をきかなくなることもあります。たいていの問題行動は偶発的で青天の霹靂《へきれき》のように降りかかってきて、家族は慌てふためき翻弄《ほんろう》されます。そうなる前に日頃から子どもの心の中を理解することで、問題を未然に防ぐことができたのではないかと思っても、それは簡単にできることではありません。そもそも問題が起きずにとりあえず無難に日々が過ぎていっているかぎり、大人は子どもの心の中に潜む危機を気にすることはありません。「うちの子にかぎって……」という親のことばがそれを象徴しています。

事が起きてから振り返れば問題のきっかけや兆しに気付くこともあるかもしれませんが、それを事前に察知することはかなり難しいばかりか、気になることがあったとしても相当切迫した状態にならないかぎり、とくに対応することなく様子を見ていることがほとんどです。病気を早期発見してひどくならないうちに治療するような理屈を子どもの問題行動に当てはめることは理にかなっているかもしれませんが、実際には理屈どおりにはいきません。大人は厄介なことが起こらなければ本気で動かないものです。

子育ての重要な要素であるしつけは、子どもが間違ったことをしないようにあらかじめ教えることが本来の目的ですが、あらためて考えてみれば、子どものしつけのほとんどは事後処理で、後手後手になっているのが現実です。それは決して親の怠慢というわけではなく、あらゆる事態を想定した子育てなど不可能で、結局は経験から学ぶしかありません。子どもの「してかしたこと」をきっかけにして親は子どもをしつけているわけです。

問題行動がないにこしたことはありませんが、大切なことはそれが起きたときの対応です。あってはならないことと否定的にとらえるだけでは何も変わりません。感情的に叱りつけるばかりでは、子どもとの距離が開くばかりで、実際に起きたことに対して向き合うことができません。親が現実逃避すれば、それは親が子どもから撤退することを意味します。責任を追及したり反省や謝罪を求める以前に、親は子どもにしっかりと向き合うことが求められます。

失敗から学び、さらに成長していくためには親とのつながりは大切です。危機にこそ親の存在は重要です。行動だけにとらわれた対応はその場しのぎになりやすいものです。説教や罰は結果に対する責任を明確にしますが、大人の視点からの一方的な決めつけと受け止められて、子どもの心の中にまでは届きません。

「なぜ」「どうして」と追及してもろくな答えは返ってくることはなく、無理矢理答えさせたところで、それだけで問題が解決するわけでもありません。子どもに内省を促すことはできるかもしれませんが、その結果がどういうことばで表現されるかよりも、子どもが内省することに加えてその作業に親が関与することに意味があります。そこから子どもが感じたことを表情や態度も含めて受け止めることがとても重要になります。ことばだけではお互いに気持ちはほんの一部しか伝わりません。

しつけは子どもの行動を変えるだけの作業ではなく、子どもが自分の弱さや傷つきやすさに気付き、必要があるときには大人に頼ってもいいことを確認する作業でもあります。問題が起きたときこそ子育ての場となる親子関係が重要になります。つまりピンチをチャンスにすることがしつけの本質なのです。

その一方で、問題がないまま思春期が過ぎればしつけのチャンスを失います。「問題がないという問題行動」にも注意しなければなりません。問題のない子どものしつけほど難しいことはありません。しかし実際には問題のない子どもはいません。親が子どもの問題に気付いていないだけです。その意味では、子どもの問題に気付くことがしつけの第一歩といえます。

叱ることの大切さ

現代の子育ては褒めて育てるのがブームになっているので、その反動で叱ることは悪いことで、できるだけ叱らないように育てなければならないと思っている親も増えてきました。児童虐待の啓発が進み、子どもを叱ることが虐待にならないかと不安に思う親さえいます。そこまで極端ではなくても、愛するわが子を叱ることに何かしらの罪悪感を感じ、自己嫌悪が誘発されることはよくあると思います。できることなら子どもを叱ることなく育てたいものですが、現実はそうはいきません。

しかし、子育ての実務を冷静に分析すれば、乳児期の授乳や身の回りの世話に専念する時期を過ぎれば、親が子どもにしていることのほとんどは子どもの行動を制止したりやるべきことをやらせたりすること、つまりはしつけに関することばかりになります。それは誰が何と言おうが子どもの安全を守り、社会的に受け入れられる存在に成長させていくためには絶対に必要なことであり、親の最大の責務でもあります。叱ることを否定すれば子育てにならないと言っても過言ではありません。

それどころか、子どもを叱らないことは子どもを無視していることになり、それこそネグレクトや心理的虐待といわれる児童虐待になりかねません。何をしても親が反応を示さなければ、子どもは親の関心を引き出すためにさらに問題行動をエスカレートさせて手に負えなくなることもあります。親が子どもを叱るということは、紛れもなく親が子どものことをしっかりと見ていることの証で、子どもは親にケアされていることを実感することができます。叱られないことは親に無視されていることになり、子どもの愛着を損なう危険があるのです。

子どもを叱ることには、子どもの行動が「正しくないこと」を示す意味があります。「正しくないこと」を理解させることはしつけの中心的な課題です。社会の規範を理解して「正しくない」行為を抑制できることが社会化の目標です。叱ることは「あなたのしたことは正しくない」というメッセージを伝えることです。行動を変えることではなく、ましてや親の怒りをぶつける行為でもありません。日常生活の中で「正しくない」行動が出たときにその都度叱ることは、親の重要な仕事です。

「正しくないこと」であるかどうかの基準が不安定では、子どもは自分の行動をコントロールしていくことができません。叱ることには一貫性が求められます。時と場合によって叱られたり叱られなかったりすることがないようにしなければなりません。ましてや親の虫の居所が悪くて気まぐれに叱られることがあってはなりません。一貫性のある基準で叱ることは、まさに子どものコンパスの基準になることで、それは愛着のもっとも基本的な役割に通じます。その意味で、叱ることは愛着にもとづく子育ての基本的要素ということになります。

親が気を付けなければならないことは、叱ったことですぐに子どもの行動が変わるとはかぎらないことです。子育ての優先順位のところで説明したように、しつけの成果が出るのは子どもが十分に成熟してからです。成熟して行動をコントロールできるようになるまでは、叱っても同じ問題を繰り返し、子どもには何も入っていないように感じるかもしれません。叱り方が生ぬるいと思えば、さらに大きな声で子どもを怖がらせたり、感情的になって手を出すことにもなりかねません。行動を変えることを目標とするしつけは児童虐待と紙一重の危うさがあります。

何度注意しても変わらないのは、子どもがまだ成熟していないからです。未熟な子どものブレーキは頼りないもので、頭では理解していても行動を止めることができません。結果だけで判断すれば「正しくないこと」を理解していないことになりますが、実際は理解していてもそのとおりに行動できないのです。やってしまってから気付いても後の祭りです。親に叱られるのは無理もないことですが、自分でも「正しくないこと」は十分にわかっているからこそ、素直に非を認められず、苦し紛れの言い逃れは「嘘」になり、さらに親を激怒させる結果になります。子どもの嘘ほど親にとって許せないことはありません。かといって、素直に非を認めたとしても、叱られることから免れることはできませんが……。

何度叱っても変わらないからといって叱るのを止めてはなりません。変わらないのは叱り方が下手だからではなく、子どもがまだ成熟していないからです。行動は変わらなくても、親にいちいち叱られることで何が「正しくないこと」であるかを知ることができます。さまざまな場面で「正しくないこと」を教えられることで、子どもは社会の規範を着実に身に着けていきますが、それが結果として目に見えるようになるのは成熟してからです。親の努力が実を結ぶまでの時間差が曲者《くせもの》ですが、子どもの行動をしっかりと見守り、必要があればきちんと叱ることはとても大切な子育ての要素です。

3　親にしかできないこと

自然な親子関係

とはいえ、親も人の子、ついついイライラして子どもに当たってしまうこともあります。親としての立場や役割はわきまえていても、どんなときでも感情をコントロールできるわけではありません。感情的に子どもを叱ってしまってから、子どもに悪かったなとあとから反省しているようでは、行動にブレーキをかけられない子どもと変わらないかもしれませんが、毎日の子育て場面では感情のブレーキがきかないほどに感情的になることがあることも事実です。いくら愛情深い親であっても、いつも「良い親」であり続けることは難しいことです。

ただし、親が感情を出すことがいけないということではありません。どんなときにも感情的にならない親は、良く言えば聖母のような親かもしれませんが、子どもからはむしろ冷淡で無表情な親に見えます。情緒的な応答はコミュニケーションの中核です。コミュニケーションはことばで情報を伝達することだけではなく、ことば以外の表情や声のトーンも加わって、相手と気持ちをつなぐ作業です。親が感情を抑えすぎてしまえば、子どもとのコミュニケーションは制限されて、お互いの気持ちをかよわせることができなくなるおそれがあります。感情をコントロールしすぎれば自然な親子関係を損なう危険もあります。

子どもは時としてあえて親を苛立たせることをして親の関心を引こうとすることがあります。それにまんまと引っかかれば子どもの思うつぼで、かといって無視すればさらにエスカレートします。心理療法ではこのようなかけ引きを利用しますが、親は子どもの治療者ではありません。思春期になる頃には、子どもは親の反応パターンを熟知します。子どもに見透かされても、簡単にパターンは変えられるものではありません。無理に変えようとしてぎこちない対応をするよりも、いつもどおりに出すほうが自然で、子どもにとってはむしろ安心感があります。

「いつだってお母さんは……」というのは子どもの落胆であると同時に、親子関係の一貫性を確認した安堵感の表れでもあります。しかし、親もまったく変わらないわけではありません。子どもとの長い付き合いの中で親としても人間としても成長するので、それに伴って考え方も変化して当然です。子育てをとおして子どもだけでなく親も発達するわけです。ともに成長するためにも、自然な感情表出を伴う親子関係は大切です。

親の責任

子どもを世話することも、叱ることも含めて感情的に応答することも、子どもの愛着に応える親の行動です。子どもの愛着に応えるのは親としての責任ではありますが、現実的には親には子育てにかかわるたくさんの責任があります。子どもをしっかりしつけて、人の迷惑になるようなことや悪いことをしないようにするのは親の責任ですが、子どもがやってしまったことにも親は責任を持たなければなりません。自分の子どもへの責任に加えて、親には社会に対しての責任も求められます。

子どもの失敗やちょっとした逸脱に対しても世間の目はますます厳しくなり、子どもの行動に対する親の責任はこれまで以上に重くなってきています。もちろん許されないことには厳正に対処しなければなりませんが、結果だけにとらわれれば子どもの責任を追及し、反省と謝罪、さらにはペナルティーを科することばかりになります。社会的にはそれが当たり前ですが、親との関係性はそれだけでは不十分です。結果に至るプロセスにもしっかりと目を向けて、子どもの気持ちを理解する努力が必要です。それは親にしかできないことです。

しかし、親といえどもわが子を完全に理解することはできません。さらに思春期になれば何を考えているのかさっぱりわからないと戸惑う親も増えます。私たちが他者の気持ちを完全に知ることは不可能であるのと同じように、たとえ生まれたときから一緒にいるわが子であってもすべてを理解することはできません。最大の理解者とは、考えていることや気持ちを知って理解していることではなく、できるかぎり理解しようとしている人のことです。だから、理解できないことがあってもいいわけです。それでも親は理解しようとし続けることを止めてはいけません。理解しようとすることを諦めたり止めたりすることは、子どもへの愛着に報いることを止めることになり、子どもを見捨てることにつながります。

結果がすべてで自己責任が強調される社会の風潮は子どもの世界にも波及しつつあります。子どもは未熟で試行錯誤を繰り返しながら失敗から学んで成長します。子どもといえども容赦なく結果責任を求められる社会には、子どもが成長する余地や機会がますます少なくなります。それでも結果に至るプロセスと子どもの気持ちを理解しようとすることで、子どもは失敗から学ぶチャンスを得ることができます。かつては地域の大人たちが子どもを見守りながら失敗から学ぶ機会を提供していたものですが、子育てがプライベート化した現代では他所の子どもの問題に口を挟むことはなくなり、まさに親にしかできない役割になろうとしています。

社会的な責任、つまり結果に対する責任だけで終われば、子どもの愛着は損なわれ、その結果子どもは未熟なままにとどまり社会化の機会を失うことになります。社会的な立場や責任にばかり目を奪われることで、親にしかできないことを見失うことがないようにしなければなりません。

〔注１〕ニューフェルド、G．・マテ、G．（２０１４、小野善郎・関久美子　訳）『思春期の親子関係を取り戻す――子どもの心を引き寄せる「愛着脳」』福村出版

第7章
愛着の村を作ろう

1　一人では育てられない

子育てのプライベート化

子どもは家族の中で育てられるのが基本で、家族は子育てに責任を持っていると常識的に信じられていると思います。ただし、何らかの理由で家族が養育できない場合や、児童虐待などのために家族による養育が不適切であると判断された場合には、子どもは家族から離れて里親家庭や児童福祉施設で養育を受けることがあります。このような家庭外での養育を社会的養護といいます。社会的養護が公的な子育てだとすれば、家族による養育は私的（プラベート）な子育てといえます。つまり、一般的な家庭での養育はプライベートな営みということになります。核家族が当たり前になり、地域社会の中で家族のプライバシーが尊重される現在では、子育てはこれまで以上に私的な性格を強めています。この傾向は子育てのプライベート化あるいは私事化といわれています。

その一方で、少子化対策として子育て支援が強化され、家族の子育ての負担を軽くするために、保育サービスが拡大されてきました。子育て世帯の保育のニーズは高く、現在でも保育所不足は深刻で、政治問題にもなっていますが、このような児童福祉の拡大は子育てを社会が担う方向性となり、私事化とは反対の社会化の流れになります。つまり、私たちの子育ては、私事化が基本ではありながら、実務的には社会化がかなり普及している状況にあるといえます。それでも、それぞれの家族のプライバシーの壁は厚く、他所の家のことにはあまり立ち入らないのが暗黙のルールのようになっています。

子育てのプライベート化は、家族ではない人（時には祖父母や親類も含めて）が手助けをしにくくなるのと同時に、親がすべての責任を背負う傾向を強めます。自己責任が強調される社会風潮の中で、子育ても例外ではありません。ひとり親家庭が増えていますが、かつては祖父母の助けを受けながら子育てをしていたのが、最近では本当に一人で子育てをする親がますます増えています。その過酷な生活実態については、最近になって「子どもの貧困」として注目されるようになってはきましたが、やはり自己責任に帰する社会はプライベートな子育てに十分な支援ができていません。

たしかに、原則論からすれば、親は産んだ以上は責任を持って育てるのが当然であり、一人で育てることを本人が選択したのであれば、どんなに苦労してでも自力で育てなければならないことになります。そして実際に、親としての強い責任感とプライドを持って、人を頼りにせずに一人でがんばっている親がたくさんいます。ひとり親家庭の子どもの貧困は深刻ですが、それにもまして深刻なのは、母親が必死で働いていても子どもの貧困率が依然として高いということです。プライベート化した子育ては過酷です。

夫婦で協力して育てる場合であっても、祖父母や親族などの援助なしに二人だけでの子育てはたいへんです。それは母親が働いていようが子育てに専念していようが同じです。いずれにしても、プライベート化した子育ては（両）親に大きな負担を強いることになります。その一方で、現代の少子化社会では少ない子どもを確実に育て上げる、失敗の許されない子育てが要求され、それは親にとって大きなプレッシャーとなっています。

ユニークな人間の子育て

しかし、そもそも人間の子育ては一人の親だけでできるものではなく、一人だけで育てることは本来の自然な子育てから大きく逸脱しています。核家族化と少子化が進み、親の就労状況が変化しても、親だけでは子育てができないのは人間の宿命でもあります。人間が社会的存在であるのと同じように、子育ても本来社会的な活動であり、決してプライベートなものではないことを、私たちはしっかりと認識しなければなりません。

人間にもっとも近い動物であるチンパンジーの子育てと対比することで、人間の子育てがいかにユニークなものであり、多くの人の手助けが必要であるかがわかります。チンパンジーの研究で有名な京都大学の松沢哲郎教授によると、チンパンジーの母親は約5年に一回出産し、長期間授乳し、母親だけで子育てをしている、つまり子どもがだいたい一人立ちする5歳まで育ててから次の子を産むのが特徴だそうです。チンパンジーの場合はシングルマザーが基本ということになります〔注1〕。

それに対して人間の場合は、産んだ子どもがまだ手のかかるうちに次の子を出産することができるので、母親以外の家族も子育てに参加する必要が生じます。つまり、人間の子育ては、子どもが一人立ちする前に次子を産み、手のかかる子どもたちをみんなで育てるという、いわば「共育」が特徴であり、とてもユニークな生殖システムを持っているのです。

もうひとつのチンパンジーとの大きな違いとして「おばあちゃん」の存在があります。もちろんチンパンジーも自分の子どもが出産して祖母という立場になることはありますが、チンパンジーの母親は閉経がなく生涯出産可能なので、人間のように母親としては現役引退した「おばあちゃん」になることはなく、いつまでも現役の母親として自分の子育てをしなければなりません。だからチンパンジーの子育てではおばあちゃんを頼ることができません。自分の子育てが終わって手の空いた「おばあちゃん」の存在は、人間の子育てでは重要です。

少産少子化によって、一人の女性が出産する子どもの人数が少なくなり、子育ての協力者の必要性が見えにくくなっているかもしれませんが、一人っ子だからといってチンパンジーのように母親だけで育てられるわけではありません。シングルマザーのチンパンジーは群れの男性によって守られていることで、安心して子育てに専念することができています。プライベート化した人間のひとり親家庭の子育てでは、本当に何から何まで一人でしなければなりません。人間は一人では子育てができないのは、親の能力や責任感の問題ではなく、もともと父親や祖父母、さらには周囲の大人たちの協力を前提として子どもを育てるようになっているからなのです。自然に逆らった育児が難しいのは無理もありません。

子育ては村中みんなで

少産少子化そのものは決して悪いことではありません。生活環境が改善し、保健医療の進歩で妊娠・出産のリスクが下がり、生まれた子どもが無事に大人になるまで成長することができるようになった社会では、家系を存続させるために女性が多くの子どもを産む必要はなくなります。少なくとも安全に子育てができる環境は100年前とは比べものにならないほど良くなっていることは間違いありません。

しかし、近代化した現代社会は、いつの間にか子育ての本質を見失ってしまったようです。本当は父親や祖父母、さらには親類や友人、地域の人たちの手助けがなければ人間は子どもを産んで育てていくことができないはずだったのに、母子二人だけの家庭で文字どおりシングルマザーとして子育てをしているケースがあまりにも多くなり、父親がいたとしても仕事で不在がちで、実質的な子育てを母親一人で行っているのはむしろ現在の標準的な子育てとさえいえるほど珍しくなくなりました。家族のプライバシーが尊重されるとともに子育てもプライベート化し、私たちの子育てはますます自然な姿を失いつつあります。

1996年にアメリカの大統領夫人だったヒラリー・クリントンさんが自らの子育て経験をもとにアメリカが目指す子育てのあり方を綴《つづ》った著書のタイトル『村中みんなで』には、現代社会が忘れかけている子育ての原点を呼び起こすインパクトがあります〔注２〕。このタイトルはアフリカのことわざ「子どもは村中みんなで育てるもの」に由来し、そこには「ひとりの子どもを育てるには村中みんなの力が必要」という思いが込められています。子育ては母親あるいは家族だけでできることではなく、地域のさまざまな人たちが「全員参加」でするものだということが見事に伝わってくることばだと思います。現在の日本社会では子どもが命を落とすことなく育つ環境は格段に向上しましたが、その一方で子育ての質が損なわれていないかを今一度考えてみる必要があります。

たしかに、現在の私たちの子育てはもっぱら（両）親が担ってはいますが、家庭の中だけで完結しているわけではなく、学校をはじめとする地域の活動にも参加しているので、ある程度は「村」で育てられていて、子育ての「村」がないわけではありません。しかし、「村」は単なる人々の集まりであるだけでなく、そこにはつながりがあり、伝統や文化がなければなりません。大人とのつながりがあってこそ子育ての「村」は機能します。そして、子どもが村の住人たちとつながる接着力こそが愛着です。

「村」を作るのは子どもの大人に対する愛着であり、子どもの愛着が向けられることで「村」は子どもを育てる「場」となり、それによって子どもは安全に成長して成熟し、大人として「村」の一員になることができるのです。子どもの愛着こそが「村」の中心であることから、子育ての「村」は「愛着の村」ということができます。現代社会が失いつつあるものこそが

「愛着の村」であり、今こそ私たちはこの「愛着の村」を再生しなければなりません。

2　大人の役割

愛着の村の住人

子どもが安全に成長して大人になっていくためには、大人の存在と大人とのつながりが欠かせません。プライベート化した子育てでは子育ては家族の手に委ねられ地域社会とのつながりが薄れつつありますが、子どもは家庭の中だけで育つわけではないので、子どもを守り育てることはすべての大人の役割であり責任であることは今も昔も変わりません。愛着にもとづく子育ての観点からは、子どもと大人をつなぐのは愛着の作用であり、子どもからの愛着がなければ大人は子どもに対する役割と責任を果たすことができません。

子どもの育ちを支える愛着の村にはたくさんの住人がいて、毎日顔を合わせる家族のような近い存在からめったに会うことのない人まで、あるいは具体的な役割のある人（たとえば学校の担任教師など）から道で出会ったときにあいさつをするだけの関係の人まで、子どもとの関係の内容や程度はさまざまです。この愛着の村の住人たちと子どもとの関係は、ちょうど太陽と惑星の関係のように、子どもという太陽を大人たちが取り巻いて、子どもとの関係の深さに応じてそれぞれの軌道を回っているようなイメージになります。惑星は太陽の引力によって軌道にとどまっているように、愛着の村では子どもの愛着はまさに引力の役割を果たしています。

愛着の村では、子どもと強いつながりを持って直接的な影響を及ぼす人だけでなく、さまざまな程度のかかわりを持つ多様な大人たちの存在もとても重要です。家族や親類、友だちの親、学校や塾の先生、ピアノの先生やサッカーのコーチ、近くのお店の人やバスの運転手など、子どもの生活にかかわる大人たちはすべて愛着の村の住人になる可能性があります。明確な役割を持っている人もいれば、特別な役割分担や使命を持っているわけではなく、ふつうの生活の中で自然なやりとりをすることで、子どもたちの育ちを見守り支えている人もいます。

子どもの成長につれて愛着の村のネットワークは広がっていき、やがて子ども自身が大人になれば自らも愛着の村の住人になり、子どもたちを支える立場になっていきます。子どもから大人に移行する思春期には、愛着の村の役割はより一層重要になります。親との対立が激しくなるこの時期には、親以外の大人の存在が欠かせません。親への反発を愛着の村の住人が受け止めることで、不安定でリスクの高い子どもを守ることができます。愛着の村がなく、親子だけの世界であれば、親から離れた子どもは友だちに向かい、仲間指向性になってしまいます。仲間指向性から子どもを守るのも愛着の村の大きな機能です。

まずは親への愛着

愛着の村の住人たちとのつながりのネットワークを広げていくためには、まずは親への愛着をしっかりと築いて維持していくことが基本となります。親への愛着が「愛着の村」の土台です。そのためには、親は子どもをしっかりと引き寄せて、子どもが仲間指向性になるのを防がなければなりません。子どもが仲間指向性になってしまえば、大人とのつながりがなくなり、愛着の村があったとしてもそこに参加することができなくなります。

愛着の村の難点は、愛着の単向性のために一度に多くの大人に愛着を持つことができないことです。仲間指向性になった子どもが扱いにくいのは、愛着の単向性のために、親への愛着が友だちに置き換わってしまうことで、もはや親のほうを向かなくなってしまうからです。これがそのまま愛着の村にも当てはまるのであれば、親への愛着にせよ、友だちへの愛着にせよ、誰かに愛着を持っている子どもは愛着の村の住人たちと有効なつながりを持つことができないことになってしまいます。

しかし、第3章で説明したように、愛着の単向性は絶対的なものではなく、主たる養育者への愛着がある状況で、その次に愛着を向ける対象を持つこともできます。愛着の対象はコンパスの基準になるので、子どもの行動や価値観の判断基準にもなります。母親が父親を信頼していれば、子どもは父親を安心して受け入れて情緒的なきずなを持つことができ家族関係が生まれます。また、親への安定した愛着を前提として、良い友だち関係を持つこともできます。

このように、主たる養育者への愛着がしっかりと存在していれば、そこから二次的な愛着関係が生まれ、家族の枠組みを超えて、地域の大人たちとの愛着のネットワークを広げていくことができます。親または親に代わる主たる養育者への安定した愛着が、子どもが育つための愛着の村の土台であり、愛着の村が機能するためには、まずは親への愛着を確かなものにすることが前提条件になります。

子育ての協力者

親への愛着を土台とした二次的な愛着によって、子育ての協力者のネットワークを作ることができます。もっとも一般的な子育ての協力者は、祖父母やおじ、おばなどの親族（拡大家族）ですが、都市部の核家族の場合には近くに親類縁者がいないことも多いので、親の友人がこのネットワークに加わることになります。親だけでは子育てができない人間にとって、信頼できる協力者を持つことは今も昔も子育ての最重要課題です。

しかし、親類や友人であれば誰でも子育ての協力者になれるわけではありません。実際に、親と祖父母の折り合いが悪くて親がかかわりたくないこともよくあり、いくら祖父母が子育てを手伝おうとしても親から拒否されることもあります。子育ての協力者の選定は親の意向でほぼ決まってしまいます。子どもがいくらなついていたとしても、親が受け入れられる人でなければ子どもにかかわることができません。子育ての協力者のネットワークは、親の対人関係の広がり次第という課題が残ります。

親が社会的に孤立すれば、子育ての協力者のネットワークを作ることもできず、子育ての負担はさらに増大することになります。親の孤立を防いで子育ての協力者のネットワークを広げるためには、子どもの親への愛着を促すのと同じように、愛着の村の住人たちが子育てをしている親を引き寄せて、つながりを築く努力が必要になります。子育てがプライベート化した現代社会では難しいことかもしれませんが、親を愛着の村に迎え入れる努力はますます重要になってきています。

専門的な協力者

保育所の保育士や学校の教員などは、専門的な資格を持つ専門職として、それぞれの役割や責任を持って子どもにかかわることで、現在の子育てには欠かせない協力者になっています。祖父母や友人はあくまでもふつうの人として子育てに協力してくれるのに対して、保育士や教員はいわばプロの協力者といえます。プロの協力者には、医療、保健、児童福祉などの専門職も含まれ、子どもと家族のニーズに応じて子育てを支援しています。

プロの協力者は、専門的な知識や技術を持っているので、子どもとうまく付き合って指導したり支援したりすることができて当たり前だと思うかもしれませんが、専門職であってもふつうの協力者と同じように、子どもと親の愛着のネットワークの一員になることで、より効果的に子育てに協力することができるようになります。

ただ単に担当保育士とか担任教師という立場であるだけでなく、一次的な愛着の対象者である親が保育士や教師としっかりとした信頼関係を築くことができれば、子どもは安心して自分の担当保育士や担任教師に二次的な愛着を形成することができ、効果的な保育や教育がしやすくなります。専門的な協力者であっても愛着の助けが役立ちますが、ここでもやはり親との関係がポイントになります。そのためにも親とのつながりを積極的に持つことで、愛着の村の住人になることが求められます。

コミュニティの役割

現代社会では地域の人々のつながりが薄くなり、コミュニティが崩壊しつつあるといわれています。家族同士の関係も希薄になり、子どもが他所の家に自由に出入りするようなことも今はありません。昔ながらの近所付き合いは煩わしく、町内会などの地域活動も衰退してきました。

それでもコミュニティがなくなったわけではありません。依然として私たちはさまざまな人々が生活している地域の中で暮らしていて、さまざまな程度にかかわりを持ち続けています。つまり、プライベートな家庭とパブリックな地域社会のある社会構造の中で暮らしています。昔と変わったのは家庭がよりプライベートな場所になり、他人のプライバシーにあまり立ち入らなくなったことで、質的な変化はあったとしても子どもたちはさまざまな大人がいるコミュニティの中で育っていることは昔も今も変わりはありません。

コミュニティには一定の文化や伝統があり、世代を超えて継承されていきます。それは必ずしもお祭りや儀式、しきたりのようなものとはかぎらず、日々の生活の中で何げなく共有している作法や価値観も含まれます。世代ごとに話すことばや聴く音楽は異なりますが、それでも祖父母の世代と共通するものも残されています。

愛着の村では、親が現在の生活の中でのコンパスの基準であるとすれば、コミュニティはもっと長い時間軸の中でのコンパスの基準として子どもに方向性を与える役割を果たします。それは決して古いしきたりに縛られることを意味するのではなく、過去からの流れの先に未来を見通すために役立つもので、時間的に安定した基準を拠りどころにして子どもが大人に向かって成長していく道しるべとして作用します。

愛着の村の住人たちが生活しているコミュニティも愛着にもとづく子育てには欠かせない要素です。

３　愛着の村の構造

タテ糸とヨコ糸

子どもの対人世界は親をはじめとする大人との関係と、同じ年頃の仲間（友だち）との関係で構成されています。それはタテ糸とヨコ糸で織り上げられた織物の構造に似ています。子どもが大人に依存する支配－被支配という縦の関係に加えて、大人はより一貫性がある安定した存在として、織物の全体を貫くタテ糸のイメージにつながります。一方、仲間関係は基本的には対等の関係、つまり横の関係で、タテ糸である大人に絡む立場のヨコ糸のイメージになります。タテ糸とヨコ糸がバランス良く織りなすことでしっかりとした織物になりますが、そのバランスが崩れると粗雑な生地になってしまいます。思春期の子どもと親、仲間の関係をタテ糸とヨコ糸の構造で表すと、図３のような三つのパターンになります。

A．友だち関係はある程度あるものの、２本の太いタテ糸が支配している状況。両親の強い支配が友だち関係だけでなく、他の大人とのつながりも排除し、子どもの成熟が損なわれる可能性があります。これは過干渉あるいは過度の甘やかしの状態に相当します。

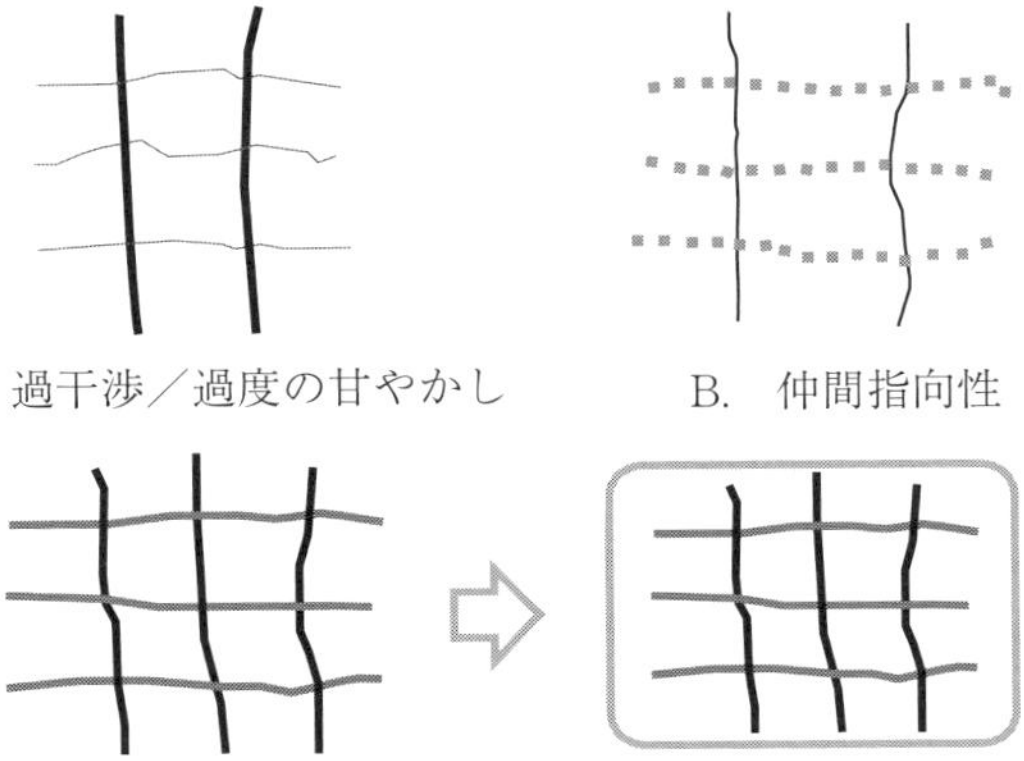

A. 過干渉／過度の甘やかし　B. 仲間指向性

C. バランスのとれた関係　C′. 文化・コミュニティの保護

図3　親ー子どもー友だちの関係

B．Aとは対照的に、タテ糸はあるものの細くて頼りなく、それに対して友だち関係が非常に太く、子どもの世界を支配している状況で、まさしく仲間指向性を表しています。ここではヨコ糸は太くて強い影響力を持ってはいるものの、安定性や一貫性に欠けることから破線で描かれています。

C．タテ糸とヨコ糸のバランスがうまくとれた状態で、子どもが成長するのに適した対人世界を表しています。ここではA、Bとは違ってタテ糸は3本描かれていて、両親に加えてそれ以外の大人の存在の重要性を表しています。

C′．タテ糸とヨコ糸のバランスのとれた構造を包み込む領域が文化と伝統を共有するコミュニティで、これが加わったものが愛着の村の理想的な構造になります。

愛着の村の再生

伝統的なコミュニティの衰退と愛着の村の危機とは必ずしも同じものではありません。つまり、地方創成とか村おこしのような地域の活性化が愛着の村を作るわけではありません。たとえどんなに地域住民の交流が盛んになったとしても、それだけで子どもが安心して成長できる愛着の村が発展するとはかぎりません。

愛着の村の核心は大人と入り混じった場で子どもが成長することです。仲間指向性を後押しする現代社会の基本的な問題は、子どもが子どもだけの集団で生活する構造が今まで以上に強くなったことです。学校教育が完全に普及して定着し、子どもは学校で日中の大半の時間を過ごすようになりました。もちろん学校には教員という大人が存在しますが、小学校ですら40人学級を標準とする現状では、子どもの人数に対してあまりにも大人の存在は小さく、どうしても仲間関係が支配する集団にならざるをえません。

最近ではセキュリティの問題もあって、地域の人たちが自由に学校に入ることもできず、子どもたちは大人の存在が小さい世界で一日の大半を過ごし、それが少なくとも18歳までは続きます。ただでさえ仲間指向性に傾きやすい環境の中で親への愛着が弱まれば、仲間指向性は一気に強まり、一貫した基準と序列を失った集団で残忍ないじめが起きたとしても不思議ではありません。

愛着の村は必ずしもコミュニティの再生ということだけでなく、子どもたちの主要な生活の場である学校でも意識されなければなりません。コミュニティだけでなく、学校生活においても、これまで以上に大人の入り混じった場を作っていく必要があります。家庭や地域だけでなく、学校も含めて愛着の土台をしっかりと作ることが大切です。

〔注1〕松沢哲郎（2011）『想像するちから――チンパンジーが教えてくれた人間の心』岩波書店

〔注2〕クリントン、H．R．（1996、繁多　進・向田久美子　訳）『村中みんなで――子どもたちから学ぶ教訓』あすなろ書房

第8章

子育ては「技術」ではなく「関係」

1 「正しい子育て」のプレッシャー

少子化時代の子育て

生まれる子どもの数が減少していく少子化は、単に家族の形が変わっていくことだけにとどまらず、将来の人口減少にもつながることから、国家の存亡にかかわる重大な問題として昨今の政策の課題になっています。現在では毎年出生する子どもの数は100万人程度になり、いわゆる団塊ジュニア世代といわれる1970年代前半に比べてほぼ半減しています。出生数や出生率という数字は国全体の人口の動きを表しているものなので、それだけで子育てをしている個々の家族の実態が見えるものではありません。

子どものいる家族への少子化の影響は、きょうだいの人数の減少です。一家族あたりの子どもの人数は、現在では1・69人にまで減少しました。平均で2を下回っていることは、一人っ子が多いことを意味します。子どものいる家族では一人っ子が46・4%で、次いで二人が40・5%、三人以上は13・1%となっています（厚生労働省国民生活基礎調査、2015年）。少子化の影響は子どものいる家族の中では、きょうだいの減少という形で表れ、一人っ子の割合が高くなってきています。

つまり、少子化時代の子育ては、核家族化や離婚の増加の影響も加わって、一人か二人の子どもを夫婦だけで、あるいは一人の親だけで育てるようになったのが最大の特徴といえます。社会の少子化は家庭内の少子化も招いているわけです。それは親子関係にも変化をもたらし、子育てを根本的に変える要因にもなっています。きょうだいの人数が減れば一人の子どもと親との関係が深くなるので、愛着の観点からは歓迎すべき変化であるはずですが、必ずしも良いことばかりではありません。

少子化時代の子育ては少ない子どもを大切に育てることが求められます。親が一人の子どもにかける時間と費用は増加し、子どもへの期待は膨らみます。学齢期になれば教育にも力が入り、できるだけ良い教育を受けさせようと競争意識も高まります。「元気に成長すればいい」などと悠長なことは言っていられません。少子化時代の子育ては失敗が許されません。必然的に早い段階からの教育投資が増大してきています。

しかし、子どもにかけることができる費用は親の経済状態によって決まり、それは格差を生み出します。義務教育制度によって教育の機会は保障されているとはいっても、いつの間にか塾に行くのが当たり前になってしまった現在では、まじめに学校に通っているだけでは学力的についていけないという皮肉な現実があります。子どもにお金をかけることが世間の「ふつう」になれば、格差の弊害はさらに深刻になります。

格差に対してもプライベート化した現代の子育ては、あくまでも自己責任の原則を求めます。何とか家計をやりくりして塾に行かせたり、みんなが持っているのに一人だけ持っていないのはかわいそうとスマホを持たせたりするものです。格差の影響は学力だけでなく、学校適応も困難にし、不登校の原因になることもあります。

少子化時代の子育てでは、親の責任と負担はこれまでになく大きくなり、子どもが育つ条件はますます厳しくなっています。

「正しい子育て」の普及

少子化時代の子育ては失敗が許されません。しかし、少子化によって一人ひとりの親の子育て経験が少なくなるので、親は初めての問題に直面して困惑することが多くなります。プライベート化した現代の子育て事情では、身近に手助けしてくれる人がいるわけではありません。他の親の子育てを見る機会も少ないので、不安は大きくなるばかりですが、それでも一人で何とかしなければなりません。

幸いなことに、情報化社会の今日では、子育ての心配に答えてくれる情報は豊富にあります。ママ向けの育児書や雑誌が何種類も書店に並び、いつでも手に入れることができます。さらにはインターネットで検索すれば、どんな小さな疑問にも答えを見つけ出すことができます。今や情報なくして子育てはできないと言ってもいいくらいに、子育ての情報は私たちの周りにあふれています。

子育ての情報の元祖をたどると１９４６年に出版された『スポック博士の育児書』に行き

当たります。戦後の育児書は、それまでの育児に対する常識を専門家の知識に書き換えて、より科学的な育児の方法を普及させる役割を果たし、それは多くの母親たちに受け入れられてきました。小児科医や発達心理学の専門家が説く育児は、ふつうの母親たちにとってはまるで「正しい子育て」のように受け止められ、祖母の「古い」子育ては否定され、母親たちはさらに専門家に頼るようになりました。

子育て経験が少なく、祖父母や地域の年長者に頼らなくなった母親たちは、自分の子育てに不安を抱くと、それに対する「正解」を求めて本や雑誌、インターネットに頼るようになりました。最近の脳科学ブームは、耳慣れない専門用語を散りばめながらこれまで以上に科学的な説得力を持って母親たちを支配しつつあります。少子化時代の失敗の許されない育児では、自分の子育てに「間違い」があってはなりません。手軽に入手できる育児情報でとりあえず安心することはできても、自分の子育てにダメ出しされたように感じて逆に不安が高まることもあります。

「正しい子育て」の追求はとめどなく続き、親の不安は消えることはありません。新たな不安はさらなる「正解」の追求に駆り立て、やがて自分の子育ての力を見失うことになりかねません。そこには寒い大晦日の夜に売り物のマッチに火を付けてつかの間の安らぎを得て、次々にマッチを燃やすマッチ売りの少女のような虚しさを感じずにはいられません。

子育てを「学ぶ」時代

　しかし、そもそも「正しい子育て」というものがあるのでしょうか。代々伝わる子育ては非科学的で正しくないのでしょうか。

　現実的には「正しい子育て」を具体的に説明することは不可能です。子育ては文化であり伝統でもあるので、民族や地域によって子育ての方法はさまざまですが、どれが正しくてどれが正しくないかというふうに区別することはできません。生後3か月の赤ちゃんを両親の寝室とは別の部屋で一人だけで寝かす欧米の育児は、日本の親には正気の沙汰とは思えませんが、それは正しくないと断定するものでもありません。

「正しい子育て」は「正しくない子育て」の対立概念としてのみ定義できます。「正しくない子育て」とは、つまりは児童虐待です。児童虐待は１９６０年代にアメリカの小児科学会で大きな関心を集め、それをきっかけにして通告制度や子どもを保護する児童福祉が発展し、日本でも１９９０年代以降に同様の道筋をたどって、現在では年間10万件を超える児童虐待が報告されるほどの大きな問題になっています（厚生労働省、２０１６年）。

　児童虐待は子どもにとって過酷な体験であるだけでなく、心身の発達にも重大な影響があることが知られているので保護やケアが必要ですが、何よりも虐待が起こらないように予防することが重要です。そのためには、子育てをしている親たちが「正しくない育児」をしないように、「正しい子育て」を教えてそれを普及する必要があります。虐待防止活動はふつうの親たちに「正しい子育て」をきちんと学ばなければならないという強力なメッセージを送り込みました。そして今では、小児科医や児童精神科医、助産師や保健師、心理学の専門家たちが、「正しい子育て」を説き、効果的な子育ての「技術」を教えるようになっています。「正しくない子育て」を防ぐ取り組みは、皮肉にも親になったら「正しい子育て」を専門家から学ばなければならないという子育て環境を作り上げてしまったのです。

しかし、子育ては医学や心理学の理論ですべて説明がつくほど単純なものではありません。人間の子育ては、温度や養分をすべてコンピュータで管理した水耕栽培でトマトやホウレンソウを育てるのとは違います。専門家は異常を見分けて、その原因や対処方法を考えることはできても、こうすれば絶対にうまく育つというノウハウを示すことはできません。もし自信たっぷりに「正しい子育て」を開陳する専門家がいたとしたら要注意です。あやふやなご高説を安易に信じることは危険です。

子育ては子どもを産めば本能的にできるようになることではなく「学習」が必要であることは、今更言うまでもありませんが、そうだとすれば親は何をどのように学べばいいのでしょうか。少子化対策として子育て支援は広がり、親が子育てを学ぶ機会はどんどん増えてきていますが、講座を受講したり専門家の助言や指導を受けていれば、それだけでいいのでしょうか。情報や支援が豊富な時代だからこそ気を付けなければならないこともあります。

2　子育ての「技術」への依存

困ったときにどこに助けを求めるか

困ったときに誰かに援助を求めることはとても大切なことです。一人だけで抱え込んでしまわずに助けを求めることは、子育てにかぎらず生きていくために必要な能力といってもいいかもしれません。

核家族化が進みプライベート化した現代の子育てでは、助けを求めるパターンも昔とは変わってきています。従来の親きょうだいや地域の年長者から、友人（ママ友）、SNS、インターネットの役割がずっと大きくなってきています。つまり、縦の人間関係から横の人間関係（仲間関係）、さらには見も知らぬ誰かに助けを求めるように変わってきています。スマホやパソコンで簡単につながることができて、必要な情報を得ることができます。直接対面する関係ではなくても、文字や絵文字だけのやりとりでも一人だけで悩む苦痛を和らげてくれるので、とりあえずの安心にはつながります。友人の支えは現代の子育てでは困ったときの助けとして重要であることは間違いありません。

スマホが手放せない現代社会では、子育てにおいてもスマホの役割はますます大きくなってきています。妊娠、出産から授乳や離乳食の指導まで、かつては助産師や保健師がしていた支援を今はスマホのアプリが教えてくれます。スマホさえあれば、まるで専属の助産師、保健師、看護師、栄養士、保育士を24時間体制で抱えているかのような安心感が得られます。文字だけでなく動画も豊富にあるので、何をどのようにすればいいのかを知ることができ、一人だけで子育てをしていくことを可能にしてくれます。

対人関係が希薄になった現代社会では人よりも情報に頼る傾向があり、インターネットなどの情報通信技術の発展がますますその傾向に拍車をかけています。しかし、そんな情報化社会には不確かな情報に振り回されて思わぬリスクが待ち構えていることもあります。テレビに出ている有名な人が言っていたと鵜呑《うの》みにするのは危険です。危うい子育て情報から子どもを守るためには、情報を判断する力が求められています。

専門家の支援

母子保健の普及は、助産師や保健師などの専門家から指導を受ける機会を増やしました。子どもの発達や栄養、衛生についての知識は有用で、かかりつけの小児科医のアドバイスは親に安心感を与えてくれます。身近に子育てを支えてくれる人がいない場合には、地域の専門家の存在はとても重要になります。ＳＮＳやアプリだけでは心配が消えないときには、やはり専門家の助けが必要になります。

子育ての技術を学んだり専門家に相談して指導を受けることは悪いことではありません。しかし、技術や指導に頼れば頼るほど、親自身が自分で考えて対処する力が衰えることにも注意しなければなりません。信頼できる専門家がいて、何でも聞いて指示に従っていれば、とりあえず安心できますが、また別な問題が生じればあらためて相談して指示を仰がなければならず、きりがありません。親はますます専門家に依存し、自分では何もできなくなってしまいます。

わからないことは何でも聞いて指示に従っているばかりでは、自分では何もできなくなるのは子どもの教育と同じです。算数の勉強は答えが合っていることよりも、どうやって問題を解くのかを身に着けることが重要です。安易に答えを教えることに親はみんな慎重ではないでしょうか。子育てでも考える力をつけることが大切です。

最近ではたくさんの子育て講座があり、誰でも子育ての「技術」を学ぶことができます。これらの「技術」はペアレンティング・プログラムといわれるもので、教えられたとおりにすれば、「正しい子育て」ができるようなパッケージになっています。ただし、多くのプログラムはライセンス制になっていて、正式な研修を受講して修了しなければ使うことが許されず、その一部だけを使ったり自分で勝手に修正したりすることは禁じられています。一定の質と結果を担保するためには必要かもしれませんが、ふつうの家庭での子育てには少し違和感がありま す。

大切なことは技術を学ぶ過程で、その根底にある原理を身に着けることです。具体的なマニュアルはわかりやすいかもしれませんが、それに従っているだけでは原理を身に着けることはできません。原理を身に着ければ応用がきき、マニュアルに出てこない事態にも対処することができるようになります。そうすれば親の力は衰えることなく、子どもの成長とともに親も成長することができます。わかりやすいマニュアルで技術を学びながらも、原理を身に着けることを忘れないようにすることが大切です。

専門家の支援の落とし穴

ふつうの親にとって専門家はあまり日常的な存在ではなく、必要に迫られて初めて出会うというのがほとんどかと思います。子育てをしていれば、小児科医とかかわらないことはありえないでしょうが、児童精神科医や臨床心理士のような専門家とは会ったこともない人のほうが圧倒的に多いのではないでしょうか。あまり馴染みのない専門家に支援を求めることには戸惑いもあるでしょうし、相手のペースにのまれて自分の考えや意見を言うことができずに、思わぬ展開になってしまうことも心配になります。

専門家の支援は万能ではありません。どんなに権威がある専門家であっても、子育てのあらゆる問題をうまく解決できるわけではありません。簡単に解決できない問題に対しては、親や他の支援者と一緒に考えて少しでも現状を改善できるように努力しているのが実情です。専門家の役割は、多くの子育てを見守ってきた経験や深い知識をベースに、親の心配を受け止めて力づけながら支えることで、魔法のような解決を期待するのは現実的ではありません。

専門家の支援には思わぬ落とし穴もあるので注意が必要です。それは専門家の指導でうまくいかない場合に、その原因を子どもに求めることがあることです。「素人」である親の対応がうまくいかないことがあっても仕方ありませんが、専門家が「正しい」対応をしても子どもが良くならないとしたら、悪いのは親や専門家ではなく子どもということになる可能性が出てきます。つまり、子育ての問題ではなく、子どもに何らかの「異常」があるという判断になり、その「異常」は医学的には「病気」ということになります。

子育ての中で現れる子どもの「異常」の多くは、児童精神科医によってさまざまな「診断」を付けることができます。子どもの精神疾患については次章であらためて説明しますが、専門家がかかわることで子どもに何らかの「診断」が付くことは最近ではますます多くなってきています。診断は医学的な見立てであり、適切な治療や対応には欠かせませんが、それ以前に診断を付けるということは、その人が「病気」であるということを宣告することにもなります。

なかなか対応が難しい子どもに診断が下されれば、すべては「病気」のせいだったということになります。親の子育てのせいでもなく、子どもの責任でもなく、そして専門家の無力のせいでもなくなります。それは一見誰も傷つかない図式になり、親と専門家はホッと一息つくかもしれませんが、子どもの気持ちは複雑です。病気であることを喜ぶ子どもなどいません。「君のせいじゃないんだよ」と言われても、その代償として病気であることを受け入れて「治療」を受けなければならなくなるのであれば、結局はすべてを子どもに押しつけてしまうことになります。専門家による支援の中でも、医師による診断には大きな影響力があることを忘れてはなりません。

３　子育ては「関係」

何かが足りない

子育てを取り巻く環境は大きく変わり、助けを求めるパターンが変わり、伝統的な子育てが失われようとしていることに危機感を感じる人もいるかもしれません。しかし、新たな技術や子育て支援の発展によって、子どもを育てる親はこれまで以上に必要な知識を得られるようになり、わかりやすい技術を学ぶ機会も増えて、昔よりも安全に、健康に子どもを育てることができるようになっていることも事実です。もちろん、少子化時代の子育ては昔よりも子育ての「ふつう」のレベルが高くなっているので、より質の高い子育てを要求されるという点では苦労は多くなっているかもしれません。

問題は、知識や技術の普及は親と子どもに幸福をもたらしているかです。日々の子育てで直面する問題に悩む親にとって、とりあえず納得できる説明や具体的な対処方法が得られることは大きな助けになりますが、現実の子育てでは問題は次から次に現れて親の悩みや不安がなくなることはありません。まさに一難去ってまた一難、それどころか同時にいくつもの難題が押し寄せることもあります。常に新たな知識や技術を求めなければならないとすれば、親には休まるときがありません。その分、子どもと向き合う時間が少なくなれば、愛着に報いる余裕がなくなり、新たなトラブルを招くことになるかもしれません。

最新の知識や技術に頼る子育てにはどこか不自然なところがあります。たしかに、子どもの発達や健康に関する知識や技術の向上は、乳幼児の死亡を劇的に減らし、生まれた子どもが健康に成長することを確かなものにしましたが、それだけでは何か物足りなさが残ります。

子育ての本質は人を育てることであるのはあらためて言うまでもありません。子育ては物作りとは違って人間同士の相互作用がとても大切です。どんな知識や技術も人とのつながりの中で機能しなければ、人を育てるという目的とは違う方向に逸れてしまう可能性があります。マニュアル化されたプログラムにはどこか自然な親子の相互作用に欠けるところがあり、子どもの愛着が置き去りにされているような印象が否めません。理論や技術にとらわれて愛着を見過ごした支援では、子どもの育ちに役立つものにはなりません。

情報に頼りがちな現代社会では、ともすれば人の存在価値が薄れやすくなります。何でも自動化・無人化が進む日本社会ではとくにそうです。介護ロボットも登場し、無人化の流れはあらゆる対人サービスに広がりつつあります。やがて子育てまでも育児ロボットがするようになる日も来るかもしれません。そしてついには子どもが育つために親は必要なくなる日が来るのでしょうか。

しかし、子育てだけは人を育てるという目的性を見失わないかぎり、親や大人との直接的なかかわりが否定されることはありません。その親や大人とのつながりの中心が愛着です。どんな新しい技術が導入されたとしても、子どもが育つためには愛着の村は欠かせません。知識や技術、そして診断が氾濫する子育て事情においても、その基盤は子どもの親への愛着であることは変わりません。

子育ての秘訣

愛着にもとづく子育てを突き詰めていくと、子育ての根本的な原理は「関係」という結論に到達します。それは本書の結論でもあります。

ここまでに示してきたように、子育てのもっとも重要な要素は愛着です。子どもが親に対して良好な愛着を形成していれば、そこに子育ての「場」ができ、そこは同時に子どもが成熟する「場」となることで、子どもは社会性を身に着けて大人に向かって成長していくことができます。子育ての「場」がなければ親は無力です。どんな技法を駆使しても、専門家の助言や指導があっても、愛着の助けがなければ子育てはとても困難な作業になり、親子は大きな負担とリスクを背負うことになります。

気になることはインターネットで検索して簡単に情報を得ることができ、子どもの発達や教育の専門家やプログラムも手軽に利用できる現在の子育て事情は、親にとっては便利で心強いと思うかもしれませんが、情報はたしかに役立つこともある反面、かえって不安を駆り立てる原因になることもあるので、扱い方に注意が必要です。子育てを一人で抱え込まず、助けを求めることは大切ですが、仲間指向性の子どもたちのように、不確かなものを頼りにすれば、とりあえず迷子になった不安から逃れることはできたとしても、正しい方向に向かうことは保障されません。

愛着にもとづく子育ての考え方に従えば、まず親がしなければならないことは技術や戦略を身に着けることよりも、子どもをしっかりと引き寄せて、子どもの愛着が友だち関係の中に迷い込まないようにすることです。しかし、あからさまに親への依存を示さなくなる思春期の子どもを引き寄せるためには、いくつかの工夫と注意が必要になります。少なくとも親は子どもから目を離してはならないし、しつけの中で子どもを否定したり見捨てるようなメッセージを発してはなりません。

子どもを遠ざけることだけはしないように注意しながら子どもとの関係を維持することさえできれば、あとはふつうの親として、一人の大人として、子どものモデルになって導くことができます。親とのつながりをベースに、地域の大人や文化ともつながることで、子どもはより広いネットワークの中で大人になっていく道を見つけていくことができるでしょう。愛着にもとづく子育てを実践していけば、力づくで対決する権威的な子育ては不要になり、子どもが親を必要とするかぎり、親は子育てを楽しむことができることでしょう。

仲間指向性を警告したニューフェルドは、子育ての秘訣を次のようにまとめています。この秘訣は親の子育てだけでなく、子どもに関わるすべての大人にも意味を持っています。たとえば、文中の「親」を「教師」に置き換えれば、学校の先生たちにもとても有用なヒントになることかと思います。

「子育ての秘訣は、親が何をするかということではなく、子どもにとってどんな親であるかということだ。子どもが私たちに接触してそばにいることを求めることで、私たちは子どもを世話し、慰め、指導し、モデルになり、教師やコーチとしての力を与えられる。」〔注１〕

〔注１〕ニューフェルド、Ｇ．・マテ、Ｇ．（２０１４、小野善郎・関久美子　訳）『思春期の親子関係を取り戻す――子どもの心を引き寄せる「愛着脳」』福村出版、25頁

第9章
思春期のメンタルヘルス

1　メンタルヘルスの時代

子どもの幸福のために

子育ての「技術」が発展し普及したのは、子どもたちの幸福を追い求める努力の結果であったことは間違いありません。それは現在でも子どもの支援に携わっているすべての専門家に共通する目的意識であることに変わりはないはずです。このことは今でこそ当たり前のことと思われるかもしれませんが、子どもが今のように大切にされるようになったのは、人間の長い歴史の中ではつい最近のことです。

かつて子どもは親の「所有物」であり、学校に行くよりも家の仕事をさせられたり工場労働者として働きに出されたり、さらには家畜同然に「売買」されたりすることさえありました。1933年に制定された（旧）児童虐待防止法は、現在のような虐待の防止のためではなく、家計を助けるために子どもに過酷な労働を課すこと（具体的には、見せもの、乞食や物乞い、物売り、芸妓、酌婦など）から子どもを守るための法律でした〔注1〕。庶民の貧しい生活が背景にあったとはいえ、子どもの運命は親に握られ、子どもの人権はまったく尊重されない時代には、子どもの幸福を考える余裕などなかったことでしょう。

子どもが家族にとってだけでなく、社会にとっても大切な存在になったのは、社会経済が発展して生活が豊かになったことや、医療、保健、教育、福祉などの向上もあるかもしれませんが、やはり一人か二人の子どもだけを大切に育てる少産少子化の影響も大きかったと思われます。しかし、少ない子どもを大切に育てるあまりに、「正しい子育て」を追求していくうちに、いつしか親は専門家から子育てを学ぶ立場になり、さらに専門家に依存するようになっていったことは前章で説明したとおりです。

社会が豊かになるにつれて、子どもの幸福の追求は物質的なものから心理的なものに変わってきました。子どもを食べさせることを心配しなくてもよくなれば、心の豊かさや幸せな人生への期待が膨らみます。しかし、日本では教育によって子どもの幸福を追求する風潮が強く、子どものメンタルヘルスは教育の陰に隠れて表舞台に出ることはありませんでした。

子どものメンタルヘルスが注目されるようになったのは、皮肉にも過熱した教育ブームの中で不登校児童生徒が増加したことがきっかけでした。児童精神医学や心理学の専門家たちが不登校児に向き合うことで、子どもの心の健康への関心が高まり、不登校児への対応をきっかけに導入されたスクールカウンセラーが全国の学校に普及しました。災害や事故・事件のたびに、子どもの心のケアの必要性が叫ばれるようになり、実際に専門家がただちにかかわることがふつうになりました。

最近ではメンタルヘルスが話題になることも多くなり、子どもの心に関心を持つ親も増えてきていますが、どうしても専門的なイメージがあり、ふつうの親としては戸惑うことも多いかもしれません。しかし、メンタルヘルスは心の異常や病気を扱うだけのものではなく、広く心の健康全般にかかわるものなので、特定の専門家に委ねてしまうものではありません。子どもの心の健康に親が無関係であることはありえません。

「心の病」の流行

子どものメンタルヘルスの普及は、必然的に子どもの精神疾患への関心を高めます。日常的な子育ての中では、気になることはたくさんあっても、まだまだ子どもの精神疾患は身近な問題と思っていない親も多いことかと思いますが、医療や保健の専門機関は子どもの精神障害が驚くほど多いことを報告しています。

たとえば、アメリカの保健局は、1999年に「アメリカの9～17歳の子どもの5人に1人は少なくとも軽度の機能障害を伴う精神障害がある」と報告し、子どものメンタルヘルス対策の必要性を強く訴えました。比較的最近でも、アメリカ疾病対策センターが同様の頻度を報告し、精神疾患の与える影響の大きさを考えると、早期の診断と適切な治療が必要であることを呼びかけています〔注2〕。

日本ではアメリカのような報告はありませんが、少なくとも何らかの心の問題を抱えた子どもは決して少なくないと推測されます。たとえば、不登校は必ずしも精神疾患ではありませんが、精神医学的には不安障害の一型である「適応障害」という診断が付けられて治療の対象になることがあります。不登校が精神疾患であるとすれば、それだけでも中学生の３～４％が当てはまることになります。また、最近関心が高まっている「発達障害」については、軽度のものまで含めれば10％を超えるともいわれています〔注３〕。

かつては子どもの精神疾患の存在さえ認識されなかったのが、社会が豊かになり、子どもたちが大切にされるようになってから、まさに「心の病」の大流行ともいえる現象が起きている現状には矛盾を感じます。子どもたちの問題に対して専門的な支援が充実してきたのにもかかわらず、子どもたちの精神的な健康が損なわれてきているとすれば、現代の子どもが育つ環境に重大なリスクが潜んでいるのでしょうか。それとも、今の私たちの子育てに大きな間違いがあるのでしょうか。

子どもの心の専門家は誰？

「心の病」の大流行の仕掛け人は児童精神科医を中心とする医療の専門家であることは言うまでもありません〔注４〕。児童精神医学の歴史を振り返ると、親や子ども自身が「心の病」を心配することで発展してきたのではなく、その反対に児童精神科医を中心とした子どもの心の専門家たちが、子どもにも精神疾患があることをすべての親たちに発信し続けることで、子どもの精神科医療を確立してきたという経緯があります〔注５〕。

子どもの精神科の起源は、親が心配する子どもの問題行動を病気として治療し始めたことでした。問題行動自体は昔からあるもので、たとえば、かんしゃく、嘘、指しゃぶり、夜尿、暴力、非行など、親にとって気がかりで手のかかる問題ではあっても病気とまでは思わないようなものでした。１９３０年代の児童精神科の教科書にはこのような問題ばかりが記載されています。その後も診療対象はさらに拡大し、今では子どものあらゆる問題をカバーするまでに発展してきました。

つまり、児童精神科医が診察すれば、親が困っている問題のある子どもには何らかの病名が付いて治療の対象になりうるというわけです。児童精神科の診察では親の問診が重視され、最近では親が記入したチェックリストを点数化して診断されることさえあります。「子どもの5人に1人は精神障害」という衝撃的な報告も、基本的には親が気になっている問題の頻度を示しているとも解釈することができます。子どもの「心の病」の大流行は、病気の増加というよりも「診断」の増加というほうが正確かもしれません。

児童精神科医が子どもの心の専門家であるとすれば、子育ての問題が診断に反映されても不思議ではありません。どの分野の医療であっても診断はすべての基本です。子どもの心の問題を医療が扱えば、診断が増えるのは当然ですし、子どもの問題行動を心配する親が2、3割いたとしてもまったくおかしいことではありません。いや、むしろ少なすぎるかもしれません。

もちろん、子どもの心の専門家は精神科医だけではなく、心理学系の専門家もたくさん子どもにかかわっています。しかし、そもそも心だけを取り出した専門的支援は成立するのかをあらためて考えてみる必要もあります。心と身体は密接に関連していて、分離して扱うことは簡単なことではありません。子どもの場合は、心と行動や情緒を分離することは実際には不可能です。

考えてみれば、保育士であっても教師であっても、子どもに直接かかわる専門家は子どもの心と常に向き合って仕事をしています。子どもの個性や心理状態をほとんど直感的にとらえて、それに応じた指導をしているものです。どうしても扱いにくい子どもは、心の専門家に頼ることもあるかもしれませんが、決してそれがすべてではありません。心の専門家が突出すれば子どもの見立ては変わり、医療的な視点が強まれば「心の病」が流行することになります。

2　思春期の病理化

育ちの苦悩

疾風怒濤《しっぷうどとう》の思春期を生き抜くことは、まさに命がけのチャレンジであり、その道のりは苦悩に満ちています。実際に、思春期の心の危機は命をも奪うことがあります。思春期はもっとも死亡率の低い年代ですが、死因の分類では自殺が約半数を占めている事実からも、思春期の苦悩の激しさがうかがえます。大人はみんなこの時期を過ぎると忘れてしまいがちですが、思春期に何の苦悩もなかった人はいないはずです。

メンタルヘルスの視点から思春期を見ると、何といっても最大の特徴はストレスが高いことです。勉強や友だち関係の悩み、親との対立、将来への不安など、思春期の特徴はすべてストレスにつながっています。恋愛も楽しいことばかりではなく、悩みは深く、激しく傷つくことさえあります。思春期の生活はストレスに満ちあふれています。

現代社会はストレス社会といわれるように、ストレスが高いのは思春期だけではなく、大人たちもストレスに押し潰されそうになることは少なくありません。大人の世界にも「心の病」は蔓延し、職場のメンタルヘルスへの関心が高まってきています。子どもと大人の違いは、未熟で経験の少ない子どもの場合は、ストレスにうまく対処できず、その影響がより強く表れる可能性が高いことです。そのため、大人が何とか乗り切ることができるストレスでも、子どもはうまく発散したり逃れたりすることができず、不適応を起こしやすくなります。これがまさに「適応障害」と診断される状況です。

思春期はストレスが高いことで心の健康が脅かされるだけでなく、そもそも精神疾患が発症しやすい年代でもあり、この時期に統合失調症や躁うつ病のような、いわゆる精神病の症状が現れることもあります。精神病の原因は現在でもはっきりと解明されていませんが、もともとの体質的な要因がベースにあって、生活上のストレスの高い出来事がきっかけ（誘因）になって発症するものと考えられています。ですので、ストレスが直接の原因となって精神病になるわけではありませんが、精神病の発症には深い関連があります。

ただ、ストレスが一概に悪であるわけではありません。思春期の悩みは避けて通れるものではなく、悩むことで将来の道が開けてくることも事実です。勉強にしてもスポーツにしても競争をとおして能力を高めることができます。子どもにとってストレスは成長の推進力でもあるのです。適度なストレスが理想的ですが、実際にはちょうど良いストレスを調整することは簡単なことではありません。

精神症状としての問題行動

ところで、最近ではさまざまな精神疾患の病名を耳にすることが増えてきましたが、精神疾患とはいったいどのような病気なのでしょうか。わかりやすく「心の病」と言い換えたとしても、そもそも抽象的な「心」の病気といわれても具体的にどのような状態なのかが見えてくるわけでもありません。

精神疾患とは何なのかという問題は、精神医学の世界でも長らく議論されてきましたが、依然としてすっきりとした説明をするのは難しいのが現状です。精神疾患は基本的には脳の情報処理と感情や行動のコントロールがうまくいかなくなっている状態ですが、それはおかしなことを言い出したり、感情が不安定になったり、異常な行動をしたりする精神症状として表れます。より単純に言えば、ふつうの考え方や感情、行動から逸脱した状態が精神疾患の特徴ということになります。

子どもは大人が求める行動から逸脱することがよくあり、それは問題行動として大人を悩ませますが、精神医学的には問題行動は「症状」であり、精神疾患の診断の根拠になります。反抗が強い、暴力的、忘れっぽい、落ち着きがない、盗みや嘘をつく、緊張が強くて人前で話せないなど、同じ年頃の子どもと比べて少し違う特徴は、精神疾患として診断される可能性があります。そうなれば、何かと問題行動の多い思春期の子どもたちには、簡単に、そしていくつもの病名が付けられることになります。

もちろん、思春期の問題行動にいちいち精神疾患の診断を付けることは一般的ではありませんが、メンタルヘルスの知識が普及することで、子どもの心配を病気として理解する傾向は確実に強まってきています。とりわけ学校に関連した問題への関心は高く、学習障害（ＬＤ）、注意欠如・多動症（ＡＤＨＤ）、自閉スペクトラム症（ＡＳＤ）など、いわゆる発達障害といわれる診断が広がり、学校生活の病理化はすさまじい勢いで進んでいます。また、いじめ被害を受けた子どもたちにＰＴＳＤ（心的外傷後ストレス障害）のような病名が付けられ、専門家によるケアが求められることも一般的になってきています。

現在のようなメンタルヘルスの時代では、思春期の問題行動は、発達的には自然なことであっても、親や大人にとって理解できない、あるいは対処が困難であれば、「心の病」として病理化されやすくなります。親の心配に心の専門家が対応すれば、病気として理解する傾向はさらに強まります。病気とまでは言わなくても、カウンセリングやセラピーがすすめられれば、それは病理化したことと同じ意味を持ちます。思春期の苦悩が精神病理として解釈されれば、子どもの「心の病」が大流行しても不思議ではありません。

3　本当のメンタルヘルス

メンタルヘルスの誤解

メンタルヘルスは「心の健康」という意味ですが、専門的には「精神保健」という用語が使われます。人間は誰しも心も身体も健康でありたいと思いますし、健康は何をおいてももっとも大切なことです。健康なくして人生の目標を追求することはできません。子どもが健やかに成長し、思春期を乗り越えて大人になるためにも健康はとても大切です。

しかし、私たちは普段ふつうに生活しているときには、あまり健康を意識することはありません。病気になっていつものように生活ができなくなってはじめて健康のありがたさを痛感するように、健康とは病気の対極にある概念として、私たちは無意識のうちに理解しています。専門的な健康の定義を引っ張り出してきたとしても、やはり健康とは病気でない状態というのが、いちばんしっくりきます。

心の健康も同じです。心の健康とは欲求が満たされて幸福な状態という抽象的で理想的な概念というより、やはり基本的には精神疾患でない状態と理解するのが自然な感じがします。思春期には悩みごとが多かったり、強いプレッシャーがかかって苦しむこともありますが、それでも病気と診断されるほどの状態でなければ、心は病んでいない、つまり健康ということになります。ただし、精神疾患ではないということが、楽しくハッピーに過ごしていることと同じではないことに注意する必要があります。

しかし、現実的にはメンタルヘルスは「心の健康」というよりも、かぎりなく精神的に病んでいる状態を表すような使い方をされることが圧倒的に多く見られます。「メンタルヘルスの問題」とか「メンタルヘルス不調」というような表現では、「メンタルヘルス＝精神疾患」という意味になっています。つまり、メンタルヘルスは「心の健康」というよりも、心が健康ではない状態として使われているのが実情で、本来的には誤解であり誤用といえます。

さらに悪いことに、メンタルヘルスを精神科医療と混同していることもよくあります。メンタルヘルスを精神疾患と誤解すれば、この混同はもっともなことかもしれません。しかし、本来のメンタルヘルスは単に精神疾患を予防したり治療したりするだけのことではなく、心の健康の保持・増進を目指す取り組みであり、それは究極的には幸福を追求する活動です。したがって、本当のメンタルヘルスは一部の心の専門家の手だけに委ねられるものではありません。

精神科医療の限界

ただし、精神科医療がメンタルヘルスとは別物というわけではありません。精神科医療はより広い概念であるメンタルヘルスの一部であり、精神疾患になった人やリスクの高い人たちを対象に支援をする役割を担っています。それ以外のメンタルヘルスはすべての人を対象とした活動ではありますが、たとえば思春期の苦悩が病理化されて病名が付けられるようになってくると、医療の領域がどんどん拡大し、メンタルヘルスと精神科医療との境界は次第に曖昧になってきます。

じつは私たちの社会では、本来医学的な問題とはかぎらないことを、あたかも病気のように見立てて理解したり対応したりすることがよくあります（医療化と呼ばれています）〔注６〕。たとえば、かつて不登校児には「登校拒否症」という病名が付けられて「治療」されていました。最近でもたとえば「スマホ依存症」のように、片時もスマホを手放せない状況が依存症に見立てられ、実際に専門外来で「診断」されるようにさえなっています。

医療化自体は、問題の特徴を理解し、そこから対応方針を考えるのには役立つかもしれませんが、医学的な方法論は基本的に問題を個人の病理として見る傾向が強いので、その背景にある社会的な不利（貧困や孤立など）や必要な支援の不足などが見落とされがちになる欠点があります。病気としての治療に関心が集まれば、子どもの置かれた不利な状況への配慮や支援がおろそかになりかねません。

また、医学的な方法論では診断が基本になりますが、思春期の問題を診断することにも限界があります。診断は「異常」を「正常」から区別する作業ですが、子どもの発達や行動は一人ひとりで異なり、はっきりとした「正常」というものを定義することができません。「正常」がはっきりしなければ、そこから外れる「異常」を判断することもできません。実際に、児童精神医学や発達心理学では「正常な発達」という表現はせず、その代わりに「定型発達」ということばを使います。

それでも児童精神科の診療では診断を付けなければなりません。そこで、病気と判断するためには平均的な子どもの特徴から相当逸脱していて、明らかに違うことを確認する必要があります。微妙な逸脱を病気にすることがあってはなりません。ましてや精神疾患ではない子どもたちを対象としたメンタルヘルスに精神科医療が入り込んで「異常」を見つけ出そうとすることはまったく無意味であるばかりか、余計な心配を生み出してかえって心の健康を損なう怖れさえあります。やみくもに精神科医療が関与することは本当のメンタルヘルスではありません。

思春期は楽じゃない

メンタルヘルスは思春期にかぎらずどの年代の人たちにも重要ですが、思春期の場合はそもそも心身のアンバランスや対人関係や社会的役割が大きく変わることで精神的に不安定になりやすいために、子どもたちのメンタルヘルスは大きな危機に直面することになります。また、

「むずかしいお年頃」の子どもに向き合う親にもストレスが高まるので、子どもと同様にメンタルヘルスに危機が訪れます。そうなると、思春期そのものが心を病む年代ということになりかねません。

しかし、親や大人を心配させる思春期の問題は、発達的には自然なことであり、何もかも「異常」と決めつけるものでもありません。「こんなことを言う子ではなかったのに」と言う親は、子どもの心に何か「異常」が起きているのではないかと心配しているのかもしれません。思春期に見られる変化は親の目には「異常」と映るかもしれませんが、それは思春期に入る前を「正常」とした場合の「異常」であるにすぎません。思春期には異常と思わせるほどの激しい変化が見られるものです。

いずれにしても穏やかではない思春期には、ふつうの心の健康は実現しそうにはありません。そうなると、思春期のメンタルヘルスには独自の基準が必要になります。親の物差しだけで判断すると「異常」だらけになってしまいかねません。それでも思春期としては「正常」な現象であれば、無理に介入して変えようとするよりも、付かず離れずに見守ることが大切なこともあります。

悩み苦しむ子どもを見守ることは親にとって辛いことです。専門家に相談して助けを求めるのもいいかもしれませんが、その目的は子どもの苦しみを軽くすることというよりも、苦しむ子どもを見守る親を支えることが中心になるものです。思春期のメンタルヘルスへの支援は子どもに対しては時に冷淡に見えるかもしれませんが、親がしっかりと見守ることができるように支援することもとても大切です。しかし、どんな支援をしたとしても、思春期は楽じゃない時期であることから目を背けることはできません。

4　メンタルヘルスも愛着次第

見立てこそが大切

思春期の情緒的な混乱や著しい問題行動に対する専門家の支援の中で、精神科医療はもっとも強力な「技術」といえます。たしかに、精神科医療には他の支援機関ではできない「技術」として入院治療や薬物療法ができる点で強力であり、診断書を作成することで病気や障害を証明することができる点で権威があります。家庭や学校で手に負えないほどの問題になれば、精神科医療の利用は現実的なものになってきます。

しかし、精神科医療の「技術」は必ずしも直接的な治療技術というわけではなく、その多くは対症療法なので、「治す」というよりは症状や苦痛を緩和することが中心になります。精神科医療では診断はもっとも基本的な「技術」ですが、診断だけで効果的な治療や支援につながるわけではありません。すでに説明したように、精神疾患の診断は基本的には困っていることに名前を付ける作業なので、それ以上の意味はなく、同じ病名が付いたとしても同じ治療方針でうまくいくとはかぎりません。病名だけが独り歩きすれば、治療や支援は方向を見失って迷走してしまいます。

それよりも重要な「技術」は、現在の症状を詳しく調べて、どのような要因が関与していて、何がこの症状を持続させたり悪化させているのかを明らかにし、効果的な介入を検討することで、つまり「見立て」こそが精神科医療の根幹となります。

思春期の問題の見立てでは親子関係の質がとても重要になります。乳幼児期からの親子関係を詳しく評価した上で、現在の親子の相互作用を検討し、子どもの症状の意味や親子関係の悪循環を明らかにしていくことで、治療や支援を方向付けることができます。当然ながら、この作業は愛着関係に注目することになるので、愛着は見立てのカギを握る要素ということになります。愛着をしっかりと見立てることは、精神科医療の重要な「技術」といえます。

専門家も愛着の村の一員

専門家はもちろん愛着については熟知してはいますが、ともすれば特定の理論や技法にこだわって、愛着のことを軽視してしまうこともあります。とくに、思春期のケースでは子どもの行動に注意が引き付けられると、親への愛着に目が向きにくくなることはよくあります。

しかし、どんなに強力な「技術」を持つ専門家であっても、愛着の助力なくしては期待した

ような効果がなかなか出ないのは、仲間指向性になった子どもの子育ての苦労と共通していま
す。それでも強引に「技術」による介入を続けたとしても、事態は改善するどころかさらに悪
化して、より強力な介入ができる専門家に紹介せざるをえないことになりかねません。結果的
に子どもが入院させられたり施設に措置されることになれば、子どもに大きな負担を強いるこ
とになってしまいます。

精神科医療がかかわるような精神医学的な問題では、どうしても精神科医などの医療関係者以外の人は「素人」として一歩引いてしまいがちになり、ともすれば専門家に丸投げになることさえあります。適切な専門家に依頼することは親としての責任を果たしていることにはなりますが、治療や支援のために子どもを愛着の村の外へ出してしまうことがあってはなりません。愛着の村の外ではどんな名医であっても評判の治療法を駆使する専門家であっても、期待されるような結果は望めません。

大切なことは専門家も愛着の村の一員にならなければならないということです。そのためには、子どもの愛着の対象である親が専門家を愛着の村に招き入れなければなりません。つまり、専門家と十分なコミュニケーションを持ちながら信頼関係を築くことが前提となり、ただ「お任せします」ということではいけないということです。親が専門的な支援に積極的に参加していくことが、専門家を愛着の村に迎えることになります。

思春期のメンタルヘルスにおいても「関係」がすべてという原則は変わりません。

〔注１〕１９４７年に児童福祉法の制定に伴い廃止。現行の児童虐待の防止に関する法律は２００１年に新たに制定されたもので、その中で児童虐待は保護者による身体的暴行、わいせつ行為、監護を怠ること、著しい心理的外傷を与える言動などと定義されている。
〔注２〕ＡＦＰ＝時事（２０１３年5月18日配信）「米国の子ども最大５人に１人に精神疾患、ＣＤＣ報告」
〔注３〕本田秀夫（２０１３）『自閉症スペクトラム——10人に１人が抱える「生きづらさ」の正体』ソフトバンククリエイティブ
〔注４〕ウィタカー、Ｒ．（２０１２、小野善郎　監訳）『心の病の「流行」と精神科治療薬の真実』福村出版
〔注５〕ジョーンズ、Ｃ．Ｗ．（２００５、小野善郎　訳）『アメリカの児童相談の歴史——児童福祉から児童精神医学への展開』明石書店
〔注６〕森田洋司（監修）（２００６）『医療化のポリティクス——近代医療の地平を問う』学文社

第10章
子育てのゴール

1　子育ての終わり

親の手を離れる

子育ては途方もなく長いプロジェクトで、親は子どもを育て上げるために、人生の多くの時間と労力、そしてお金もつぎ込みます。そこにはただ単に親としての責任だとか、親だから当たり前という運命論だけではなく、子どもへの愛しさや幸せを願う気持ちなど、子育てそのものへの期待もあり、親は子どもとともに人生を歩んでいくものです。生きているかぎり親は親であることに変わりはありませんが、子育ては決してエンドレスな作業ではなく、必ず終わりが来るものであることを忘れてはなりません。長いと思うか短いと思うかはさておき、子育ては期限付きの任務であることには変わりありません。

実際の子育てでは、毎日慌ただしく子どもの世話に明け暮れる乳幼児期が過ぎて、子どもが小学校に入る頃になると、親は自分の生活を取り戻し、もはや「特別な期間」は終わります。かつて子どもが多かった時代には、まだ幼児のうちに次の子どもが誕生して子育ての負担は倍増し、まさに終わりのない子育てが続いたものですが、一人か二人の子どもを育てる少産少子化の現在では、親が子育てに翻弄される期間は短くなり、その分親は自分の生活に時間を割くことができるようになりました。ただし、一人の子どもにかける手間や費用は以前よりも増えているので、親の子育ての負担が軽くなっているかどうかは一概にはいえません。

子どもが思春期に入る頃には、子どものいる家庭生活は当たり前の日常になり、親も子どももそれぞれのスケジュールにそって生活し、朝食や夕食のときに顔をそろえるのがせいぜいで、それすらできずに家族がすれ違いの生活になることもあります。そうなると、子育ては毎日の食事の用意や洗濯などの日常の家事だけになり、まるで家政婦のように思われて、親としての役割がぼやけ、そのうちに本当に家政婦になってしまって子どもとの交流も途絶えてしまいかねません。せめて反抗期のお決まりのように親に難癖をつけて言い争ったり、学校で何かしでかして波風を立ててくれれば、親の立場や役割を思い出すこともできますが、「良い子」でとりあえず無難に学校に行ってくれていれば、親子はただ同じ屋根の下で寝起きしている同居人にすぎない存在になりかねません。

現実的に考えれば、子育てが家事の一部のようになり、食事の世話や洗濯だけ面倒を見ていればあとは何となく流れていくような感覚になった時点で、実質的に子育ては終わったといえるかもしれません。

「子どもが親の手を離れる」という表現には、親の生活の優先順位の変化が表れています。そこからは、子育てが最優先であった生活から、親自身の活動もできるようになる期待も込めて、ひとまず子育ての第一段階が終わったという実感が伝わってきます。一般的には小学校への入学を機に「親の手を離れる」と感じることが多いかと思いますが、もちろんそれで子育てが終わったわけではなく、第2章で説明したように、それは親子関係が直接的（身体的）から間接的（心理的）に変わっただけにすぎません。

それでも、現在の子育てでは子どもが学校に入ることは、子育ての負担を大幅に減らすことにもなるので、たしかに「親の手を離れる」という側面もあります。学校は教育の場ではありますが、そこで日中のほとんどの時間を過ごし、お昼ご飯の面倒も見てくれるので、保育の機能も併せ持つ子育ての重要な資源でもあります。今や学校なくして子育てはできないといってもいいくらいです。幸いにも、子どもは勤勉なので、ほとんどの子どもは毎日きちんと学校に登校し、親はそれを前提として生活を組み立てることができます。

「学校にさえちゃんと行ってくれていればあとは何とかなる」と思えば、親の役割はさらにかすみます。そこにきて思春期の反抗は子どものほうから親を遠ざけようとするので、今度は親がかかわろうにもかかわれない状況になり、子どもから手を引かざるをえなくなりがちです。いつしか「子育ては終わったかも……」と思うようになれば、思春期は子どもが「親の手を離れる」ことのまさにダメ押しになります。

それでも「子育ては終わっていない」「思春期こそ親が必要」というのが本書のメッセージです。では、本当の子育ての終わりはいつなのでしょうか。

子育てには終わりがある

子育ての終わりは子どもが親から自立して自分で生きていけるようになるのを見届けたところだとすれば、それは思春期の終わりと一致します。思春期の終わりは、第1章で説明したように、成人期に入ること、つまり大人になった時点ということになりますが、大人になることが複雑・多様化している現代社会では、その時期を明確にすることは難しくなっているので、子育てがいつ終わるのかはますますわかりにくくなっています。

大人になることは、年齢（たとえば20歳）や学校を卒業することだけでは決まりません。一、二世代前までは、大人になることは教育を終えて定職に就いて経済的に自立することと、結婚して自分の家庭を持つことが重要な要素でした。今でもそう思っている人は多いかもしれませんが、現代社会で大人になることはそれほど単純なことではありません。

教育期間が長くなり、大学進学率が50％を超えた現在では、法的な成人年齢である20歳の時点で、まだ学校教育を終えていない人が半数以上いることになります。この事実だけでも、20歳の成人式がすでに形骸化して本来の意義を失っていることは明らかです。さらに、大学という「最高学府」を卒業したとしても、そのまま順調に定職に就くことも困難になってきています。戦後日本社会の標準であった終身雇用制度はとっくに崩壊し、雇用形態が流動化したことで若者の労働条件は厳しさを増しています。正社員として就職できたとしても、すぐに一人立ちして生活することができるほど甘くはありません。そのことも関係して結婚のハードルは高くなり、結婚と出産がどんどん高齢化しています。伝統的な大人の標準から見れば、現代の子どもが大人になるのは30歳前後ということになるのではないでしょうか。

もちろん、大人としての生き方は人それぞれで、就職と結婚だけが大人の条件ではありませんが、そうなると大人になるのはどういうことなのかはさらにわかりにくくなり、子どもが大人になることで子育ての終わりを知ることもできなくなってしまいます。そうであれば、大人になることで子育てが終わるというよりも、思春期が終わることで子育ての終わりを定義するほうがマシかもしれません。

思春期の終わりは大人になることで、大人になることは思春期が終わることであれば、議論は堂々めぐりになって答えにたどり着くことはできません。しかし、少し視点を変えて、第1章で示したように、思春期の終わりは「思春期的な発想を止めたとき」であるとすれば、この議論に区切りをつけることができます。それは一人ひとりの考え方で決まることなので、一概に何歳と決められるものではありませんが、その一方で、まだ学生であろうが、独身であろうが、子育ての終わりを見つけ出す基準にすることができます。

「思春期的な発想を止めたとき」は日常の親子関係の中で自然に気付くことができます。思春期独特のあのトゲトゲしたことばが消え、ぎこちない緊張感を持つことなく自然な会話ができるようになれば、思春期は終わったと思っても大丈夫です。つまり、この時点で大人になったことになり、親の子育てもここで終わったということになります。

子育て後の親子関係

「思春期的な発想を止めたとき」を基準にして思春期が終わったと判断して子育てを終えたとしても、もちろん子どもはまだ自立しているわけではないので、親が完全に手を引くわけにはいきません。教育が終了していなければ学費の援助も必要でしょうし、就職したとしても親の家に住み続けていれば食事の面倒も見てやったりと、それまでの思春期と変わらずに子育ては続いているように見えます。親から見ても子どもから見ても、何も変わっていないかのように毎日の生活は流れていることでしょう。しかし、同じことをしていたとしても、それは子育てではなく、大人になった子どもを援助していることであり、意味はまったく違います。

この一見何も変わらないのに意味が違う親子関係にも少産少子化の影響が関係しています。昔のきょうだいの多い子育てでは、第一子が成人しても第二子、第三子の子育てが続くので、親の子育てはほとんどエンドレスに続くことになります。場合によっては、先に成人した兄や姉が親の子育てを手伝うことになり、親から世話を受けるどころではありませんでした。子だくさんの時代には、まさに「親の手を離れる」7～8歳で子育てが終わってしまうこともごくふつうであったことでしょう。

それに対して少産少子化の現在では、一人か二人の子どもが大人になれば親の子育ては終わり、子どもを育てるための親子関係は早々と役目を終えます。しかし、子育てが終わったからといって親子でなくなるわけではありません。人生の時間として見れば、むしろそれからの親子の付き合いのほうが長く、それに比べて本来の親として生きる時間はあまりにも短いとすら感じます。

子どもが少なくなったことで、親には一人の子どもにより長く、より多く援助できる余力が生まれ、思春期が終わってから大人として自立するまでの子どもの生活を支えることを可能にしています。この時点では、子ども自身が主体的に大人としての生活を築く努力をしているので、親が指導したり監督したりするものではありません。親は子どもが自立して生きていこうとする努力に対して、そのための資金や生活の場を提供して援助しているという形になります。

このような大人になった子どもへの援助は、投資家が将来有望な若者に投資するのに似てはいますが、それまでの子育ての延長線上で自然な流れで行われているものなので、必ずしも子どもの将来への投資という性質のものではありません。あとから返済するべきものかどうかは個人の考え次第ですが、この援助の重要なポイントは、親子関係が子育て期間中のような依存－支配の縦の関係ではなく、大人同士の横の関係になっていることで、子育てが終わる前と後での親子関係の質が大きく変化していることです。

つまり、親子関係は乳幼児期の直接的（身体的）関係から思春期の間接的（心理的）関係への変化に加えて、成人後には横の関係に変遷していくということになります。それに合わせて親は自分の立ち位置を理解して子どもと付き合っていくことが求められます。いつまでも「子育て中」のつもりでいれば、子どもにとっては邪魔で迷惑な存在になってしまうかもしれません。

親にとってはいつまでも子どもは子どもであることには変わりはありませんが、育て上げたわが子を一人の大人として認め、大人同士の関係を築くことが、子育ての最後の総仕上げということになります。

2　子育ての目標

親の期待

少産少子化時代の失敗の許されない子育てでは、否が応でも子どもに大きな期待をかける傾向が強くなります。たいていの親は子どもが生まれたときには「健康で元気に育ってくれればそれだけで幸せ」と思い、子どもに具体的な期待を持つことは親のエゴであり、そんな親にはなりたくないと思うものです。しかし、親はそう思っていたとしても、そもそも子どもの数が少なくなるにつれて、子育てのふつうのレベルが高くなっているので、特別なことをさせているつもりではなくても、無意識的に子どもにかなり高い目標を求めたり、過大な負担をかけていたりすることもあります。

幼児期から児童期にかけては、親は子どもをある程度思いどおりに育てることができます。

現在の子どもが育つ環境には、幼児教育やスポーツ教室など、親が子どもにさせてやりたいと思うものは何でも用意されています。「子どものために」とか「子どもがやってみたいと言うので」とか、本当は親が習わせたくてやらせているのに、何かにつけて子どもの希望を叶えてあげていると思い込んでいる親がたくさんいます。もちろん親には悪意はありませんが、この段階での幼児教育に子どもの意志を前面に出すのは無理があります。子どもに習い事をさせることが悪いのではなく、あくまでも親の意志でさせていることだと自覚することが大切です。

しかし、子どもはいつまでも親の思いどおりにはなりません。思春期が近づくにつれて子どもは親の言うとおりに動かなくなり、習い事にも意欲を失い、ゲームやマンガに逃げ込んでは親の怒りを買うようになります。「あなたが習いたいと言ったから行かせてやっているのに」と言われても、本人にはそんな自覚はありません。そもそも従順な前思春期の子どもは、自分の意志をそのまま出すのではなく、親の顔色をうかがいながらその場にふさわしい反応をしているだけなので、親が期待するように答えたのにすぎません。

子どもが思春期を迎える頃には親の野望は打ち砕かれ、それまでの子育ての目標を見失い、子育てのモチベーションも下がるかもしれませんが、この子どもの反乱は本来発達的には自然なことです。親から与えられた課題や目標ではなく、自分のやりたいことを試行錯誤しながら見つけ出そうとすることが思春期ではとても大切です。いつまでも親の言うとおりの「良い子」でいることのほうがむしろ心配です。

なかには幼児期から始めたピアノをずっと続けてプロの演奏家にまでなる子どももいますが、この場合でも思春期にいったん親の敷いたレールに疑問を持ち、それは自分がしたくてしたことではないと否定した上で、あらためて自分の意志で選んだ道がたまたま元のレールと同じだったというプロセスを踏んでいます。一見すれば何の躓《つまず》きもなく順調に成長して目標を達成しているように見えますが、発達の節目をきちんと経験しなければ成功することはありません。

偽りのゴール

失敗の許されない子育ては、子どもが思春期になって自分の意思表示をするのを待っていては、何もかもが手遅れになって取り返しがつかなくなる心配がつきまといます。とくに、学校教育が子育てのもっとも重要な要素になっている現代社会では、教育が非常に重視され、子育ての目標とされることが一般的になっています。その上、受験産業が成熟した現在では、高校や大学は入学試験の難易度、つまりは偏差値によって序列化されているので、具体的な目標になりやすくなっています。努力はテストの点数や偏差値として数値化され、親にも子どもにも一目瞭然です。いつしか学力的な成功が子育ての目標になり、早い段階からの塾通いは当たり前のことになってしまいました。

たしかに、学歴によって就職に差が付く学歴社会では、より良い学校に入ることは大人としての成功の可能性を高めるかもしれませんが、今や誰でも希望すれば大学に入ることができるほどに大学教育が普及した高学歴社会では、学歴だけで明るい将来が約束される可能性はますます低くなっています。高学歴社会はさらなる付加価値を求めて、難関校やエリート校と呼ばれる大学ブランドを重視するようになり、これまで以上に偏差値競争は激しくなる様相を見せています。

競争が激しくなればなるほど、大学受験は明確な、そして絶対的な目標になり、受験勉強に集中するあまりに他のことが見えなくなると、大学受験が子育ての最終的なゴールであるかのように思い込みやすくなります。しかし、冷静に考えてみれば、志望校に合格することは受験勉強のゴールではありますが、必ずしも子育てのゴールというわけではありません。大人になることで子育てが終わるとすれば、大学に合格することは大人への移行のスタートラインに立ったというのがせいぜいです。あまりにも学歴にこだわることで、本当のゴールを見誤らないように注意しなければなりません。

子どもの成長・発達の道のりは多様で、一人ひとりの子どもで異なります。早くから能力を発揮する子どももいれば、ゆっくり成長する大器晩成型の子どももいます。子どもには教育以外にもさまざまな目標を設定することができますが、どの目標も大人になるまでの途中経過にすぎず、子ども時代のうちに人生の目標が達成されることはありえません。

難関大学に合格したり、スポーツで大きなタイトルを取ることは、子どもにとって素晴らしい達成ではありますが、そこを人生のゴールと見誤れば、その後の大人としての人生は混沌とすることになりかねません。目の前にいくつも現れる偽りのゴールに惑わされることなく、親はしっかりと子育ての目標を見定めていなければなりません。

子どもの将来

生まれてきたわが子の将来に親として夢を抱き希望を持つことは当然のことです。赤ちゃんの顔を見ながら両親で夢を語り合うのはとても幸せな時間でしょう。具体的な目標に向けて英才教育に打ち込む親もいますが、実際にはそういう親はほんの一握りにすぎません。伝統的には家業や親の職業を継がせるという目標もありましたが、これも今では影を潜め、世襲への執着は弱くなってきました。

今日では子どもの主体的な意思を尊重する傾向が強く、「子どもがしたいと思うことをさせてやりたい」というのが大多数の親の偽りのない気持ちです。それは少し大げさかもしれませんが、戦後日本の社会が追い続けてきた自由平等な社会がもたらした意識改革ではないかと思います。かつての身分制度や家制度の下で生き方の自由が大きく制限されていた社会とは雲泥の差です。

子どもが自由に生き方を選ぶことができる社会では、親の役割は子どもが目標を達成できるように、学校に行かせたり、習い事をさせたり、そして子どもを見守って励まし、応援することになります。ただし、それは子どもが自分のやりたいことを見つけることができた場合のことで、実際には子どもが具体的な目標を見つけることは簡単なことではありません。ましてや、親が「何でもいいよ」と寛容であればあるほど、子どもはすべてを自分で考えなければならなくなり、なかなか決められずに苦しみます。さらに、社会制度が流動的で多様化している現代社会では、10代で将来の職業をはっきりと意識することはますます難しくなっています。

だからといって、いつまでも決めかねて立ち止まっているわけにはいきません。学校教育は1年ごとに進級し、次の学校に進学していかなければなりません。手っ取り早い方法は、とりあえずしっかり勉強して、できるだけ良い学校に進学しておいて、将来のことはそれから考えるという、問題の先送りです。そうしているうちに、いつの間にか受験が目標になってしまい、もっと本質的な将来の目標を考えることを忘れてしまいます。発達的に思春期のもっとも重要な課題であるアイデンティティの模索、つまり自分とは何かという問題はうやむやにされたまま年齢を重ねていくことになります。大学を卒業して大人への入り口にたどり着いたときには、そこから先の道を見つけ出せずに途方に暮れることになりかねません。

現在の子どもの育ちは、どこか順番が間違っているように思えて仕方がありません。第6章で説明した子育ての優先順位のように、子育ての目標にも正しい順序があるに違いありません。

本当の目標

親としての子育ての目標は子どもを大人にすることです。子どもはあくまでも未完成の存在なので、子どもとしての到達点はなく、すべては大人になるまでの途中経過にすぎません。つまり、子どもとして完成することはないということです。ですから、他の子どもと比べてどちらが優れているかという競争は本来的に無意味で、学力テストで全国1位になったとしても、それはただそういう事実があっただけのことであり、それ以上の意味はありません。しかし、私たちの周りには妙に競争心を煽《あお》る刺激が多く、子育ての目標を見誤りやすいので、親としては世間の風潮に流されないように注意しなければなりません。

子どもを安全に大人になるまで導くことが子育ての本質であり、親の最大の役割です。それでは、子どもが大人になるという目標に向けて、親や大人は何ができるのでしょうか。複雑・多様化した現代社会で、子どもが何千、何万ものパターンがある職業や役割の中からひとつを選ぶことは、まさに太平洋の真ん中で海中に落とした指輪を見つけるような途方もない作業です。その困難な作業を、はたして子どもに自分だけでがんばって見つけなさいというのでしょうか。子どもの意志を尊重するあまりに、親が何も手助けをしないとすれば、子どもはいつまでたっても目標を見つけられずに彷徨うことになります。

もちろん、親が子どもに代わって決めてあげることはできません。かつての封建制度の時代のように、生まれながらに生き方が決められていた時代であればこんな苦労もしなくて済んだでしょうが、自由な生き方が完全に染み込んだ現代の子どもにはもはや押し付けられた生き方は受け入れられませんし、親もそれを望みません。自由であることは素晴らしい反面、個人に大きな負担があることも事実です。それはまだ未熟な若者にはあまりにも過酷な試練かもしれません。

しかし、だからこそ大人の手助けが重要になります。「自分の生き方は自分で決めろ」で見放しているだけでは、何の手がかりもないまま向かうべき方向を見つけられずにその場に佇《たたず》み続けることしかできません。とにかく第一歩を踏む出すきっかけが必要になります。テレビや映画、小説やマンガからヒントが得られるかもしれませんが、それよりも直接的な経験にはより大きな影響力があります。身近な大人の生き様は、子どもにとっては大人の役割モデルになります。画面や本の中の間接的な体験よりも、自分の目で見て、生の声を聴くことで、具体的なイメージが生まれ、現実的な目標に近づく助けになります。

ただし、身近な大人であっても否定的にとられることもあります。たとえば、思春期の女子にとって母親はもっとも身近で具体的な大人の女性の役割モデルですが、「お母さんのような女性にだけはなりたくない」と母親は全否定されることがあります。反抗期とはいえ、こんなふうに言われた母親は強いショックを受けますが、アイデンティティを模索する子どもはそれまでの自分をいったん破壊する作業の一環で、自分が好きだった母親までも否定してしまいますが、必ずしも本当に嫌いになったわけではありません。

母親を否定することによって、子どもは自分が向かう方向のうち、とりあえずひとつの方向を消去することができ、それ以外の方向に絞り込むことができます。したいことが見つけられない場合には、したくないことを明らかにして候補から消し、残ったものから選ぶという消去法も現実的です。親はしばしば憎まれ役になって子どもの自立を助けることも必要になります。

もちろん道を見つけられずに戸惑う子どもを親だけで助けるのには限界があります。祖父母やおじ、おば、両親の友人、学校の先生、部活の先輩、かかりつけのお医者さん、商店のおじさんなど、地域の大人とのつながりはすべて子どもが方向を見つけるために役立つ経験になります。これらの大人とのつながりは、つまりは愛着の村そのものです。愛着の村があれば、子どもは安全に大人として生きていく方向を見つけやすくなります。子どもを大人にするという子育てのゴールに到達するためにも、やはり愛着が大きな助けになります。

子育てを楽しむ

子育てには苦労は付き物ですが、親は苦しいこととわかっていても、それでも子どもを育てようとするのでしょうか。子どものために何もかも我慢して自己犠牲を払わなければ子育てはできないのでしょうか。もしそうであれば、子どもを育てようとする人はさらに少なくなり、少子化の勢いはさらに増すに違いありません。

子どもの幸福を願わない親はいませんが、子育ては子どもの幸福の追求であると同時に、親自身の幸福につながるものでもあるはずです。もちろん、子どもが幸福になってくれれば、それは親の喜びではありますが、それとは別に親にとっての幸福もなければ、子育てはかぎりなく献身的な滅私奉公になってしまいます。

子どもは必ずしも親の期待どおりには育ちません。しかし、それは冷静に考えてみれば当然のことです。子どもといえども別な人間なのですから、親が自由に作り上げることはできません。親の期待が大きければ大きいほど、そのとおりにならなかったときの落胆は大きくなりますが、そもそも親が勝手な期待を持たなければそんな落胆をすることはないし、不幸な気持ちになることもありません。

愛着にもとづく自然な子育てをしていけば、子どもがどんな大人に育っていくかを見守ること自体が楽しみになります。それはあまりにも無責任だと感じる人もいるかもしれませんが、親への愛着をベースにした愛着の村の住人たちの中で育っていけば、子どもは深い森に迷い込んで方向を見失うことなく、安全に大人になることができます。親の独り相撲にならないように愛着の村とのつながりを守っていけば、きっと子育てを楽しむことができることでしょう。子育てを楽しむことこそが、究極的な子育ての目標です。

あとがき

子どもの医療や保健が普及するとともに「子育ては学ぶもの」という言説は、少なくとも専門家の間では常識になっています。子育ての知識や技術の普及は19世紀後半の小児科医療の誕生に遡りますが、1960年代にアメリカの小児科学会が児童虐待を再定義して、虐待防止の取り組みが始まったことでさらに強化されてきました。児童虐待はもともと児童福祉領域の問題でしたが、病気や異常を扱う医学の視点から再定義すれば、児童虐待は病的な子育てということになり、虐待を予防するためには「正しい子育て」を教えることが必要になり、実際に「正しい子育て」の普及活動は現在でも続いています。

これは医学的にはごく当たり前の発想ですが、異常な現象から正常を定義しようとすることにはどうしても無理があります。完璧な子育てなどありえないので、何か問題があれば「異常」ではないかと心配になり、いつの間にか何が正しいのかがわからなくなる危険がありま す。最近では子どもの発達障害への関心が高まり、偏った発達に注目が集まることで「正常」な発達の範囲がどんどん狭まり、気が付けば発達障害の子どもばかりという状況になりつつあることも、医学的発想の問題点として共通しています。

子育てや子どもの発達という、本来自然な営みに医学がかかわることには慎重でなければなりません。かつてほどの権威はなくなりつつあるかもしれませんが、医師の発言にはやはり大きな影響力があります。医師の本務は病気の予防と治療なので、どうしても異常に意識が向きます。「異常」を防ごうとするあまりに「正常」を見失うことがあってはなりません。

精神科医になって三十余年が経ち、自らの臨床経験を振り返りながら医療の原点について考えることが増えてきました。医学の父とも呼ばれるヒポクラテスがすでに２０００年以上前に言っているように、病気を治すのは自然であって医師はそれを手助けするのが本来の使命です。医療技術や治療薬の進歩が医学の力を過信させた面もありますが、医療の本質が変わったわけではありません。医師が「正しい子育て」を教えなければ親は子どもを虐待するというような図式ではなく、親の自然な力を引き出して応援することこそが本来の医師の役割ではないかと思います。愛着にもとづく子育ては、まさに子育ての原点を再認識させてくれる素晴らしい機会になりました。医師だけでなく、子どもにかかわるすべての専門家の方々も、この機会に子育ての原点をあらためて考えていただければと思います。

医師は診察室の中だけにいると、この医学的な発想の問題点にはなかなか気がつくことができないことも事実です。病気や障害を心配して受診した子どもに向き合う生活を続けていると、どうしても「異常」を基準にものごとを考えるのが習慣になり、「ふつう」の子どものイメージから遠ざかりがちになります。

幸いなことに、各地からお招きをいただいて子どもの発達や問題行動などをテーマにした講演をさせていただく機会に恵まれ、そこで多くの「ふつう」の保護者の方々と交流する経験をとおして、子どもについて、子育てについて私自身の視野を広げることができました。そして、何よりも思春期の子育てがとても大切なテーマであることもそこで気付かせていただくことができました。

本書は、全国各地、さらには海外で子育てをしている在外邦人の保護者の皆さんとともに思春期の子どもについて意見を交換し、私自身も教えられてきたことを自分のことばで書き表してまとめたものです。本書の完成をもってあらためて皆さんに感謝の気持ちを表すことができればと思っています。

最後に、本書の出版にあたっては、そのモチーフとなったゴードン・ニューフェルドの翻訳出版にご理解とご協力をいただいた福村出版の宮下基幸社長にもたいへんお世話になりました。初老のややくたびれかかった臨床家の願望をこのような形で実現していただいたことに、あらためて感謝申し上げます。

２０１６年11月

小野善郎

〈著者紹介〉

小野　善郎（おの　よしろう）

和歌山県立医科大学卒業。同附属病院研修医、ひだか病院精神科医員、和歌山県立医科大学助手、和歌山県子ども・女性・障害者相談センター総括専門員、宮城県子ども総合センター技術次長、宮城県精神保健福祉センター所長を歴任し、2010 年 4 月より和歌山県精神保健福祉センター所長。精神保健指定医、日本精神神経学会精神科専門医、子どものこころ専門医、日本児童青年精神医学会認定医。

近著に『思春期を生きる』（福村出版、2019 年）、『思春期の育ちと高校教育』（福村出版、2018 年）、『ラター　児童青年精神医学【原書第 6 版】』（明石書店、2018 年）、『続・移行支援としての高校教育』（福村出版、2016 年）、『思春期の親子関係を取り戻す』（福村出版、2014 年）、『移行支援としての高校教育』（福村出版、2012 年）、『子ども家庭相談に役立つ児童青年精神医学の基礎知識』（明石書店、2009 年）、『子どもの攻撃性と破壊的行動障害』（中山書店、2009 年）、『子ども虐待と関連する精神障害』（中山書店、2008 年）などがある。

思春期の子どもと親の関係性
——愛着が導く子育てのゴール

2016年11月30日　　初版第1刷発行
2020年 1 月25日　　　第3刷発行

著　者　　小野善郎
発行者　　宮下基幸
発行所　　福村出版株式会社
〒113-0034　東京都文京区湯島2-14-11
電話　03-5812-9702　FAX　03-5812-9705
https://www.fukumura.co.jp
カバーイラスト　　はんざわのりこ
装　丁　　臼井弘志（公和図書デザイン室）
印刷／製本　　シナノ印刷株式会社

Printed in Japan
ISBN 978-4-571-24060-7